Manuel Zauner

AB HOF

Eine kulinarische Reise zu Österreichs Kleinversorgern

mit Rezepten von Alexander Rieder

Impressum

Bibliografische Information der Deutschen Nationalbibliothek
Die Deutsche Nationalbibliothek verzeichnet diese Publikation
in der Deutschen Nationalbibliografie; detaillierte bibliografische
Daten sind im Internet über http://dnb.d-nb.de abrufbar.

5020 Salzburg, Bergstraße 12

Alle Fotos: Manuel Zauner
Grafik, Satz und Produktion: Manuel Zauner
www.blickwerk.at

Rezepte: Alexander Rieder

Lektorat: Martina Schneider
Druck: Druckerei Theiss, St. Stefan im Lavanttal
Gedruckt in Österreich

ISBN 978-3-7025-0777-0
1 2 3 4 5 6 / 18 17 16 15

www.pustet.at

AB HOF
Inhaltsverzeichnis

Vorwort

Verlorene Geschmäcker

Ab Hof ist kein Kochbuch im klassischen Sinn, denn es geht vor allem um gute Zutaten und um die Frage, woher man diese bekommt. Mit dem Besorgen von Lebensmitteln bin ich sowohl beruflich als auch privat seit langer Zeit beschäftigt. Als Fotograf und ehemaliger Assistent in einem Studio für Essensfotografie werde ich immer wieder damit konfrontiert, hochwertige, manchmal ausgefallene oder mittlerweile fast verschwundene Nahrungsmittel finden zu müssen. Meine private Beschäftigung mit dem Thema hängt damit zusammen, dass ich auch zu Hause gern koche, gutes Essen liebe und davon überzeugt bin, dass die Qualität der Zutaten der Schlüssel dazu ist. Im Vordergrund stehen für mich dabei geschmackliche Vielfalt und eine nachhaltige und tierfreundliche Erzeugung.

In den großen Supermarktketten sind derartige Lebensmittel nicht einfach zu erhalten. Viele alte Gemüse- oder Obstsorten sind mittlerweile verloren gegangen oder nur sehr schwer erhältlich. Und wo bekommt man die vielen Teilstücke vom Rind oder Schwein, die bei uns aus der Mode gekommen sind, das Fleisch unterschiedlicher Hühnerrassen, Kapaune oder gar Schnecken? Bei meiner kulinarischen Reise durch ganz Österreich hoffte ich, diese verloren geglaubten Geschmäcker wiederzuentdecken. Das Erstaunliche dabei war: Ich habe die größte Vielfalt und den größten Idealismus stets bei den ganz kleinen Betrieben gefunden. Eine Auswahl solcher Kleinversorger und Hilfe dabei, solche auch in Ihrer Nähe zu entdecken, werden Sie auf den folgenden Seiten finden.

Neue Wege zu altem Saatgut

Sobald man einmal beginnt, nach guter Qualität zu suchen, entdeckt man in ganz Österreich eine Vielzahl spannender und ausgezeichneter Lebensmittelproduzenten. Die Auswahl der Betriebe für dieses Buch fiel mir dementsprechend schwer. Ich halte die Landwirtschaften und Personen, die auf den folgenden Seiten porträtiert werden, aber in vielerlei Hinsicht für herausragende Beispiele. Das betrifft nicht nur die Beschaffenheit ihrer Produkte, sondern auch die Art und Weise, wie diese hergestellt werden.

Für jedes Erzeugnis stelle ich Ihnen im Folgenden einen oder eine kleine Auswahl von Betrieben vor. Oft geht ihre Arbeitsweise weit über die Kriterien gängiger Bio-Label hinaus. Ich musste feststellen, dass es gerade der Idealismus und die Kompromisslosigkeit der Kleinbetriebe sind, die wesentlich zur hohen Güte ihrer Produkte beitragen. Ohne danach gesucht zu haben, fand ich ausschließlich Produzenten, die sich der Bio-Idee verschrieben haben. In vielen Bereichen geht die Art und Weise, wie diese umgesetzt wird, jenen kleinen Erzeugern – zumindest derzeit – sogar noch zu wenig weit.

Die Texte zu den jeweiligen Landwirten gehen größtenteils auf die vielen Gespräche zurück, die ich während meiner Besuche mit ihnen führte. Indem ich mehr über die Art und Weise erfuhr, wie sie ihre Waren herstellen, wurden mir nach und nach auch die Unterschiede zur dominierenden Lebensmittelindustrie bewusst. Wie unsere Nahrung gemacht wird, was sie enthält und woher sie kommt, kann im Handel oft nur schwer nachvollzogen werden. In vielen der Gespräche klingt daher auch Kritik am bestehenden Lebensmittelsystem an. Nicht zuletzt stellt sich die Frage, weshalb immer mehr Menschen das Vertrauen in dieses System verlieren.

Vertrauen – darum geht es auch den Kleinversorgern: Wer sieht, wo sein Salat wächst oder wie die Tiere, deren Fleisch er isst, leben, wer die Erzeuger seiner Lebensmittel persönlich kennt, wird ihre Waren um ein Vielfaches höher schätzen und unter Umständen auch bereit sein, mehr dafür zu bezahlen. Da sie von herkömmlichen Vertriebswegen oft ausgeschlossen sind, gehen Kleinversorger deshalb neue Wege – Food Coops, solidarische Landwirtschaften, Versand per Lastenfahrrad oder Bestellung im Internet sind einige davon. Auf den folgenden Seiten erfahren Sie dazu Genaueres und auch, wie Sie selbst mitmachen können. Vielleicht können meine Schilderungen und Bilder Sie dazu anregen, selbst eine kulinarische Reise zu unternehmen, um Landwirte, alternative Verteilerstellen oder auch Einkaufsgemeinschaften zu finden. Die Kapitel und Gespräche aus diesem Buch werden Ihnen dabei helfen, einen Anfang zu machen und vor Ort die richtigen Fragen zu stellen.

Die Orte machen die Rezepte

Zu jedem Bauernhof und seinen Produkten finden Sie im Folgenden fünf Rezepte. Sie wurden mit wenigen Ausnahmen von Rezeptautor und Foodstylist Alexander Rieder geschrieben. Seine Herangehensweise an unsere gemeinsame Arbeit lässt sich in einem Satz zusammenfassen: „Die Orte machen die Rezepte." Ein Großteil der Speisen in diesem Buch ist dank Alexanders Erfindungsreichtum direkt vor Ort, auf den jeweiligen Bauernhöfen, entstanden. Inspiration dabei war die Vielzahl unterschiedlicher und ausgezeichneter Zutaten, die wir dort gefunden haben. Lassen Sie sich nicht davon abschrecken, wenn diese Lebensmittel im normalen Handel nicht immer erhältlich sind. Die Waren von Kleinversorgern gibt es zudem kaum jemals das ganze Jahr über. Kochen Sie also saisonal und scheuen Sie sich nicht, einzelne Bestandteile einer Speise einfach durch etwas anderes zu ersetzen. Wenn die Zutaten, mit denen Sie arbeiten, von hoher Qualität sind, wird beim Kochen selten etwas schiefgehen.

Auch visuell haben wir uns an das Konzept „die Orte machen die Rezepte" gehalten. Die jeweiligen Rezepte wurden von Alexander direkt auf den Bauernhöfen zubereitet, angerichtet und von mir fotografiert. Sie werden in den Bildern der einzelnen Speisen also immer auch einen kleinen Teil der Stimmung auf dem jeweiligen Hof miterleben können.

Gemüse, Obst & Getreide

Gemüse

Obst

Kräuter

Brot

Die in den folgenden Kapiteln vorgestellten Landwirte leben in erster Linie von dem, was auf ihren Feldern und in ihren Gärten wächst. Gärtnereien und reine Obstplantagen erzeugen ausschließlich Gemüse oder Obst. Auf klassischen Bauernhöfen gibt es oft auch Tiere, Produkte von Tieren und manchmal Fleisch. Gemüsebauern halten Tiere aber – wenn überhaupt – vor allem, um wertvollen Dünger zu bekommen. Häufig arbeiten sie zu diesem Zweck mit angrenzenden Höfen mit Viehhaltung zusammen.

Was die kleinen Obst- und Gemüsebetriebe vor allem auszeichnet, ist die große Zahl der unterschiedlichen angebauten Pflanzen. Die Vielfalt auf ihren Feldern ist immens. Um einen größeren Einblick zu ermöglichen, habe ich außerdem die Arche Noah besucht, eine Gesellschaft, die sich für die Erhaltung der Kulturpflanzenvielfalt einsetzt.

Auch die Rezepte sollen den Sortenreichtum auf den Feldern widerspiegeln. Viele Zutaten werden Sie daher nur schwer im Supermarkt und manchmal nur von Direktvermarktern bekommen. So gut wie jede schwer erhältliche Zutat lässt sich aber austauschen, die Speisen schmecken dann zwar etwas anders, aber trotzdem gut. Wer gern saisonal kocht, wird Rezepte finden, die von Frühling bis Spätsommer mit frischen Lebensmitteln zubereitet werden können.

I. Biogärtnerei Ochsenherz

In der Demeter zertifizierten Gärtnerei Ochsenherz wird eine paradiesische Vielfalt an Gemüse, Kräutern und Beeren angebaut. Gegründet wurde Ochsenherz 2002 von Peter Laßnig (rechts mit Tochter Viola). Seit 2011 ist der Betrieb eine gemeinnützige Landwirtschaft und war damit die erste in Österreich. Mitglieder des Vereins „gemeinsam landwirtschaften" können von der Gärtnerei Ernteanteile beziehen.

(Spinatgemüse)
MANGOLD
MALABARSPINAT
NEUSEELANDSPINAT
CICHORIUM INTYBUS
Fruchtgemüse
(Leguminosen)
Erbsen
Käferbohne / Raritäten
Salate
Lactuca / Taraxacum
Endivie
1164
REIN
Fruchtgemüse
Vicia faba
Puffbohne
Ackerbohne
Fruchtgemüse
Busch Bohnen
(Leguminosen)
Erdmandel
Fruchtgemüse
(Leguminosen)
Stangenbohne

Tomate, Kohl, Karotte

Der Name Ochsenherz stammt nicht von der gleichnamigen Fleischtomate und auch nicht vom ebenso genannten Weißkohl. Namensgeberin der Gärtnerei ist eine dicke und sehr aromatische Karotte. Sie ist genau wie ihre Namensvettern eine alte Sorte, die heutzutage zur Rarität geworden ist. Am Gärtnerhof Ochsenherz in Gänserndorf wachsen alle drei Gemüsearten. Sie sind allerdings nur ein Bruchteil des dort erhältlichen Angebots. Derzeit werden etwa 200 unterschiedliche, oft seltene und kaum noch erhältliche Gemüsesorten und außerdem Kräuter und Blumen angebaut und kultiviert. Die Anbauliste von Ochsenherz liest sich wie ein Streifzug durch ein Raritätenkabinett: Da gibt es Grüne und Schwarze Zebras, Gestreifte Togos, Chinesische Keulen, die rubinrote Gartenmelde genauso wie italienische Spargelzichorien, Kardonen und japanische Takinogawas. Diese beeindruckende Vielfalt erfordert viel Handarbeit. Ernteausfälle gibt es dank der breiten Streuung dafür kaum. Der Ertrag der einzelnen Sorten ist aber oft um vieles geringer als jener von Pflanzen, die auf ihre Wirtschaftlichkeit hin gezüchtet werden. Aus diesem Grund findet man sie leider nur ausgesprochen selten in den großen Supermärkten. Schade, denn oft ist ihr Geschmack intensiver und nuancenreicher, manchmal sogar ganz anders, als man es gewohnt ist. Für die meisten herkömmlichen Vertriebswege wäre die Produktionsweise der Ochsenherz-Gärtnerei freilich unwirtschaftlich. Um die große Vielfalt an Gemüse und in Zukunft auch Obst anbieten zu können, hat man das Vermarktungs- und Wirtschaftsmodell der Gärtnerei 2011 deshalb radikal umgestellt: Ochsenherz ist seither eine gemeinnützige Landwirtschaft. Bei meinen Besuchen vor Ort durfte ich erleben, was das genau bedeutet.

Meine erste kleine Reise in den Gänserndorfer Betrieb war insofern bemerkenswert, als es keine zehn Minuten dauerte, bis ich mit dem Ochsenherz-Team am Mittagstisch saß. Lilli Henzl, die auf dem Hof die Gemüsekisten packt und die Vereinsmitglieder betreut, brachte eine duftende und bunte vegetarische Platte aus der nahe gelegenen Gemeinschaftswohnsiedlung, selbstverständlich mit Zutaten aus der Gärtnerei. Gleich nach dem Essen hatte ich ein zur Nachspeise passendes Gespräch über Wassermelonen, von denen ich zwei kosten durfte. Mein Gesprächspartner war Jan Böhnhardt, der auf dem Hof als Spezialist für die Saatgutarbeit gilt. Es handelte sich um die ersten reifen Früchte von gelben und roten Melonen. Diese konkreten Züchtungen sind Hofsorten, die auf dem Ochsenherz-Gärtnerhof selektiert wurden und daher weltweit einzigartig sind. In solchen Raritäten oder gar Hofsorten steckt viel Arbeit, manchmal eine Portion Zufall und in diesem Fall die Geduld und langwierige Vermehrungsarbeit Jans. Schon nach den ersten beiden Stunden bei Ochsenherz fühlte ich mich, als wäre ich selber ein Teil des Gärtnerhofs.

Obwohl die zwölf Mitarbeiterinnen und Mitarbeiter, die ständig in der Gärtnerei tätig sind, alle irgendwie ein Spezialgebiet haben, hat man den Eindruck, dass jeder alles macht. Es wird hier „miteinander" gearbeitet. Dieses Miteinander betrifft, wie ich bei jenem ersten Essen erfuhr, aber nicht nur die Mitarbeiter des Betriebs, sondern auch Gäste und Vereinsmitglieder. Wer zu Besuch kommt, gehört eben irgendwie auch mit dazu. Am eindrucksvollsten wurde mir das bewusst, als ich mit Alexander Rieder einige Monate später wieder Gast in der Gärtnerei war. Wir hatten einen Tag Zeit, unsere Rezeptbilder direkt vor Ort zu fotografieren, waren viel zu spät dran und richteten wohl einiges Chaos an. Einen Teil der Gärtnerei wandelte Alexander kurzfristig sogar in eine richtiggehende Feldküche um. Obwohl uns manche Mitarbeiter noch gar nicht kannten, war unsere Anwesenheit nichts Besonderes. Man ist Gäste gewohnt. Unsere Gerichte wurden am Mittagstisch in der Gärtnerei dann gleich gemeinsam verkostet. Nebenbei bemerkt: Wir ließen es uns nicht nehmen, Jan Böhnhardt ein Rezept für Melonen zu widmen. Mit den köstlichen gelben Melonen von Ochsenherz schmeckt es besonders gut.

Was ist solidarisch landwirtschaften?

Die Lebensart und Offenheit der Ochsenherz-Gärtnerinnen und -Gärtner sind Teil des Konzepts der Gemeinschaft, denn seit 2011 ist der Hof eine „solidarische Landwirtschaft" (SoLawi). Im Deutschen spricht man auch von gemeinnütziger Landwirtschaft, etwas bekannter ist der englische Ausdruck „community supported agriculture", kurz CSA. Wie eine solche funktioniert, ist schnell erklärt: Eine Gruppe von Konsumenten finanziert ein volles Jahr den Betrieb der Landwirtschaft und erhält als Gegenleistung sogenannte Ernteanteile. Aus Konsumenten werden also Wirtschaftspartner. Wie groß ein Ernteanteil ist und welches Gemüse und Obst er genau beinhaltet, hängt vom konkreten Betrieb und von der Jahreszeit ab. Bei Ochsenherz entspricht ein Ernteanteil einer wöchentlichen, sehr bunten Gemüsekiste für ein bis zwei Personen. Mitunter enthält sie Gemüse und Kräuter, die man vorher noch gar nicht kannte, und somit jede Woche eine kleine Überraschung.

Derzeit gibt es etwa 240 Ernteanteile bei Ochsenherz, von denen grob ein Drittel in Form von Gemüsekisten ausgeliefert wird. Der Unterschied zu herkömmlichen Gemüsekisten ist: Wenn die Ernte schlecht ausfällt, merken das auch die Mitglieder der CSA. Ihr Anteil wird dann kleiner oder es gibt bestimmte Sorten gar nicht. Bei meinem letzten Besuch auf dem Hof hatte Peter Laßnig gerade Sorge um seine Tomaten. Die Ernte war aufgrund des langen Winters viel später als in den Jahren zuvor. Selbstverständlich bekamen das auch die Bezieher der Ochsenherz-Gemüsekisten zu spüren. Tomaten waren dieses Jahr erst relativ spät darin zu finden. Was es bedeutet, wenn man hört: „Da gibt es derzeit leider nicht so viel", ist Teilnehmern

einer gemeinnützigen Landwirtschaft also wohlbekannt. Sie haben eine wesentlich größere Nähe zu „ihrem" Betrieb und seinen jeweiligen Produkten.
Es gibt noch einen weiteren Unterschied zu den etwas bekannteren Gemüseabokisten: Die Gemeinschaft von Konsumenten und Produzenten organisiert sich selbst. An Verteilerstellen holen sich die Mitglieder ihren Anteil selbst ab, wodurch unnötig lange Transportwege entfallen. Mindestens zehn Personen sollten auf eine Verteilerstelle kommen, damit sich die Fahrt auch lohnt. Bei der Wahl der Orte ist man erfinderisch: Die Ernteanteile von Ochsenherz können in Wien von einem Stand auf dem Naschmarkt oder am Yppenmarkt aus einem Vereinslokal der Caritas abgeholt werden. Am Karmelitermarkt hat sich ein Wirt bereit erklärt, sein Lager zur Verfügung zu stellen und sogar eine befreundete Gärtnerei bietet Platz für die Gemüsekisten. Natürlich kann man auch nach Gänserndorf fahren und sich seinen Anteil direkt abholen. An bestimmten Aktionstagen sind Besuche in der Gärtnerei übrigens besonders erwünscht. Da kann man dann selbst mitarbeiten und beim Unkrautjäten, oder – wie man bei Ochsenherz sagt – „Beikräuterzupfen" helfen.
Der solidarische Aspekt von CSAs hat für beide Seiten Vorteile. Die Gärtnerei Ochsenherz und der Verein „Gela", der die rechtliche Basis für das „gemeinsame Landwirtschaften" stellt, wollen pflanzliche Vielfalt und eine möglichst hohe Lebensmittelqualität fördern. Alte Sorten, aber auch der Verzicht auf Dünge- und Spritzmittel erfordern ein hohes Maß an Handarbeit. Da in der Woche zwei Mal händisch geerntet wird und das in kleinen Chargen, sind die Produktionskosten um vieles höher als in Großbetrieben mit industrieller Produktionsweise. Mit herkömmlicher Vermarktung wäre der Aufwand, der bei Ochsenherz betrieben wird, nur sehr schwer zu finanzieren. Einzelne Produkte müssten zu einem enormen Preis vertrieben werden, der kaum wettbewerbsfähig wäre. Bevor man auf solidarisches Wirtschaften umgestellt hatte, so sagte mir Lilli Henzl, tat sich im Winter immer ein finanzielles Loch in der Bilanz auf. In industriellen Großbetrieben werden solche Lücken unter anderem durch fixe Abnahmeverträge mit großen Lebensmittelketten vermieden. Derartige Verträge verpflichten aber auch dazu, ganz bestimmte Produkte herzustellen. Vielfalt ist dabei sehr oft das erste Opfer. Das Modell der gemeinnützigen Landwirtschaft nimmt also viel Druck von den Landwirten und erlaubt ihnen, seltene oder aufwendig zu produzierende Lebensmittel zu erzeugen, die auf normalen Märkten keine Chance hätten.
Solidarische Landwirtschaften wollen außerdem allen Menschen den Zugang zu qualitativ hochwertigen und nachhaltig erzeugten Lebensmitteln ermöglichen. Die genaue Höhe des Beitrages zur „Gela-Ochsenherz" ist deshalb frei bestimmbar. Die Gärtnerei gibt nur einen Richtwert und eine Jahressumme an, die benötigt wird, um den Betrieb am Laufen zu halten. In Summe muss dieser Jahreswert selbstverständlich erreicht werden. Inkludiert sind alle laufenden Kosten der Gärtnerei: Monatsgehälter der Mitarbeiter, Gas, Strom, Saatgut,

Saatgutarbeit ist vor allem Handarbeit. Karotten, wie sie hier abgebildet sind, bekommt man nur sehr selten zu Gesicht. Sie werden getrocknet, dann gesiebt und schließlich in Einmachgläsern aufbewahrt, wo sie viele Jahre lang halten. Jan Böhnhardt siebt im mittleren Bild links gerade Salatsamen. Der Bauwagen, den Sie daneben sehen, enthält einen wahren Schatz! Darin befindet sich ein Großteil des Archivs der Gemüsesorten der Ochsenherz Gärtnerei.

Reparaturen etc. Wirtschaftspartner zahlen dennoch nach ihren finanziellen Möglichkeiten. Wer mehr hat, darf oder sollte also auch mehr zahlen, und das klappt ausgesprochen gut.
Mich hat erstaunt, wie reibungslos diese Art des Wirtschaftens funktioniert. Die Jahresbeiträge, erzählte mir Ochsenherz-Gründer Peter Laßnig, wurden bisher nur um sehr kleine Summen verfehlt. Die Differenz auf den Sollwert war jedes Mal schnell beglichen – selbstverständlich freiwillig. Noch bemerkenswerter fand ich, dass man bei Ochsenherz nicht nur fertig gepackte Gemüsekisten anbietet. Etwa zwei Drittel der Mitglieder nehmen derzeit die sogenannte „freie Entnahme" in Anspruch. Das heißt, jeder nimmt sich am Stand, was er braucht, beziehungsweise jenen Anteil, von dem er denkt, dass er ihm zusteht. Die freie Entnahme hat auf Anhieb funktioniert. Die Selbstverständlichkeit, mit der hier aufeinander Rücksicht genommen wird, hat mich begeistert.
Vieles, was bei Ochsenherz geschieht, wird gemeinsam und demokratisch bestimmt. Einmal im Monat treffen sich jene Mitglieder, die sich engagieren wollen, in einem Gremium des Vereins Gela und entwickeln das Projekt Ochsenherz weiter. Im Grunde genommen kann jedes Vereinsmitglied im Gremium mitmachen. Einmal im Jahr gibt es eine Jahresversammlung des Vereins „gemeinsam landwirtschaften", bei der die Finanzen des Vereins offen gelegt werden. Man bestimmt die Gehälter, Investitionen werden geprüft und es wird berechnet, ob finanzielle Mittel fehlen oder ob ein Überschuss erzielt wurde. Jeder Teilnehmer hat ein Mitspracherecht. Wenn mehr eingenommen als ausgegeben wurde, dann kommt auch das der Gemeinschaft zugute.

Wie wird man Bäuerin oder Bauer?

Bevor Peter Laßnig 2002 Ochsenherz gründete, stand er vor einem Problem. Wer Landwirt werden will, benötigt ausreichend Land und die finanziellen

Mittel, dieses auch zu bearbeiten. Peter musste für seine Produkte zusätzlich noch Abnehmer finden. Sehr oft wird dieser Beruf daher als Erbe und Familientradition mit lange etablierten Strukturen weitergegeben. Quereinsteiger wie Peter Laßnig, der eigentlich Biologie studiert hat, sind dementsprechend selten. Jenen, die sich doch trauen, verdanken wir dafür oft ausgefallene und innovative Projekte. Dank Peter Laßnig und der Mitglieder der Gela-Ochsenherz entstand die erste gemeinnützige Landwirtschaft in Österreich.
In der Anfangszeit hatte Peter noch versucht, regional zu vermarkten. Von der lokalen Bevölkerung wurden seine Produkte allerdings kaum angenommen, also landete er mit seinem Gemüse irgendwann auf dem Wiener Naschmarkt. 2008, als auch Lilli Henzl zur Gärtnerei stieß, startete man mit der Fixabnahme erster fertig gepackter Kisten und legte den Grundstein für den Umstieg auf das solidarische Landwirtschaften. Es dauerte noch einmal fast drei Jahre und bedurfte vieler Gespräche und Diskussionen, bis das Betriebsmodell schließlich ganz umgestellt war. Dabei gab es freilich auch Rückschläge. Ein Teil des Grundes, auf dem die Gärtnerei steht, wurde beispielsweise vom Gänserndorfer Bürgermeister in Bauland umgewidmet, wobei der gut etablierten Gärtnerei kein Einspruchsrecht eingeräumt wurde. Ochsenherz musste im wahrsten Sinne des Wortes das Feld räumen. Ohne das bestens funktionierende Netzwerk der Gela-Mitglieder wäre eine solche Übersiedelung existenzbedrohend gewesen. Zum Glück konnte man ganz in der Nähe neue Felder pachten und hofft, in Zukunft einen kleinen Teil für den Verein erwerben zu können. Dem erklärten Ziel, keinen Hofinhaber, sondern eine Gemeinschaftsstruktur zu haben, würde man dadurch einen Schritt näher kommen.
Obwohl gemeinnützige Landwirtschaften in Österreich noch eher unbekannt sind, die Idee dahinter ist nicht neu. Die Mitglieder der Gela-Ochsenherz konnten sich für die Umstellung ihres Betriebs Hilfe vom Buschberghof, einer der ersten solidarischen Landwirtschaften Deutschlands, und dessen Schatzmeister Wolfgang Stränz holen. Mit wenigen Ausnahmen wie dem Buschberghof, der schon Ende der Achtzigerjahre gemeinnützig wirtschaftete, wird das Konzept in Europa aber eigentlich erst seit der Jahrtausendwende konkret umgesetzt. In Frankreich etwa kennt man CSAs seit circa 2002 unter dem Namen „AMAP". In der Schweiz nennt man sie „Vertragslandwirtschaften". In den USA waren CSAs als Antwort auf die immer größer werdende Macht der Lebensmittelkonzerne hingegen schon in den 1990er-Jahren weit verbreitet.
Die wahre Vorreiterrolle im solidarischen Landwirtschaften spielt allerdings Japan. Dort entstand bereits in den 1960er-Jahren die sogenannte Teikei-Initiative, eine Art Bio-Bewegung. Diese ging nicht von Landwirten, sondern im Gegenteil von kritischen Konsumenten aus. Im eng besiedelten Japan ist der demokratische Zugang zu Land und Lebensmitteln ein wichtiges Thema. Anders als bei uns ist in Japan „bio" nur, was nicht im Supermarkt landet, sondern über alternative Vertriebswege vermarktet wird. Das Lebensmittelsystem wird in Japan aus verschiedenen Gründen kritisiert: Der Handel nimmt den Konsumenten viele Entscheidungen ab, zum Beispiel indem vorgegeben wird, welche Sorten verkauft werden oder wie genau das Gemüse aussehen soll. Wie Lebensmittel produziert werden, kann man kaum noch nachvollziehen, geschweige denn beeinflussen. Im direkten Kontakt von Landwirt zu Konsument hofft man, dies zu ändern. In Japan sind deshalb viele Millionen Menschen, rund ein Viertel der Bevölkerung, an einer solidarischen Landwirtschaft beteiligt!
Auch in Österreich gibt es immer mehr Leute, die sich für gemeinnütziges Landwirtschaften interessieren. Viele Betriebe werden derzeit umgestellt oder gerade gegründet. Vielfalt, Nachhaltigkeit und höchste Qualität stehen dabei immer im Vordergrund. Einige wenige CSAs beginnen in Österreich mittlerweile auch mit Tierhaltung und bieten tierische Produkte, selten auch Fleisch, an. Am besten ist, man sucht einen Betrieb in seiner Nähe, der schon etabliert ist oder noch besser, man hilft beim Aufbau einer neuen solidarischen Landwirtschaft mit. Dann kann man auch am ehesten mitbestimmen, was genau es dort geben wird. Da die einzelnen solidarischen Landwirtschaften gut vernetzt sind, ist das weniger schwierig, als man denkt.

Ochsenherz und CSA Infos

Die Produkte der Ochsenherz Gärtnerei erhält man nur als Mitglied der solidarischen Landwirtschaft „Gela Ochsenherz". Gela steht für „gemeinsam landwirtschaften".
Solidarische Landwirtschaften werden ein zunehmend attraktives Modell für Landwirte, aber auch für Konsumenten. Dank des selbst bestimmten Mitgliedsbeitrags ist es auch sozial schwächeren Personen möglich, Waren zu beziehen. Auf der Plattform der deutschsprachigen solidarischen Landwirtschaften stehen einige CSAs, die es derzeit in Österreich gibt. Sie finden dort sowohl Aufrufe zur Gründung von neuen Gemeinschaften als auch bereits bestehende CSAs, die noch auf der Suche nach Mitgliedern sind.

Fuchsenwaldstraße 90
2230 Gänserndorf-Süd
office@ochsenherz.at
www.ochsenherz.at

www.solidarische-landwirtschaft.org
www.ernährungssouveränität.at

Salat mit Malabarspinat, Paradeisern, Pfirsichen und Blüten

für 4 Personen

ZUTATEN

Dressing:

Saft von 1–2 Zitronen
1–2 EL Pfirsichnektar
1–2 TL Honig
Salz, Pfeffer
1 TL geriebener Ingwer
2 frische Knoblauchzehen, fein gehackt

Salat:

4 Handvoll Malabarspinat mit Stängeln
20 verschiedene kleine Paradeiser
4 kleine Pfirsiche
4–6 EL gutes Olivenöl
1 Handvoll essbarer Blüten

ZUBEREITUNG

1.
Zitronensaft und Pfirsichnektar mit Honig und Gewürzen zu einem Dressing verrühren und 15 Minuten ziehen lassen.
2.
Spinat waschen und abtropfen lassen.
3.
Paradeiser und Pfirsiche je nach Größe halbieren oder in Stücke schneiden und mit dem Spinat auf einem Teller anrichten. Den Spinat kann man nach Wunsch ganz lassen oder in große Portionen schneiden oder rupfen.
4.
Olivenöl mit einem Schneebesen so kräftig unter das Zitronendressing rühren, dass eine cremige Konsistenz entsteht.
5.
Dressing auf den Salat träufeln und diesen mit Blüten bestreuen.

Malabarspinat ist ein Tropengewächs. Roh schmeckt er frisch und saftig und enthält kaum Bitterstoffe. Man kann Malabarspinat auch dünsten oder kochen, zum Beispiel in Wok-Gerichten, wodurch er allerdings eine etwas schleimige Konsistenz erhält, die durchaus gewöhnungsbedürftig ist. Seine Blätter haben einen hohen Nährwert: Sie enthalten neben Eisen und Kalzium auch Vitamin A und C.
Malabarspinat erreicht bei günstigen Voraussetzungen eine Länge von mehreren Metern. In Indien wird er deshalb als attraktive Kletterpflanze verwendet. Auch die Beeren des Malabarspinats sind essbar. Sie sehen ein bisschen aus wie kleine Brombeeren und wurden in China und Indien traditionell zur Herstellung von Tinte und Lebensmittelfarbe verwendet.
Tomatensorten gibt es bekanntlich unzählig viele. Auch bei Ochsenherz hat man sie in allen erdenklichen Größen und Farben angebaut. Für dieses Rezept haben wir uns frei im Gemüsegarten bedient. Als Mitglied der solidarischen Landwirtschaft Ochsenherz erhält man in den Gemüsekisten, sobald die Paradeiser reif sind, einen Mix der gerade erhältlichen Sorten und kann damit stets vielfältige und leicht anders schmeckende Gerichte zubereiten. Jeder Biss hält eine kleine Überraschung bereit.
Die essbaren Blüten sind in diesem Salat nicht nur dekorative Draufgabe. Je nachdem von welcher Pflanze sie stammen, haben sie einen bemerkenswerten Eigengeschmack. Die Palette reicht von leicht süßlich bis hin zu einer Schärfe, die jener des Radieschens gleicht. Im Bild zu sehen sind essbare Veilchen, Duftgeranien und Ringelblumenblätter.

Melonensalat mit frischem Chili und Basilikum

für 4 Personen

ZUTATEN

je nach Schärfelaune frische Chilis
Saft von 2 Limetten
3–4 EL Honig
1 feine Prise gemahlener Zimt und Kardamom
je eine kleine gelbe und rote Wassermelone
1 Handvoll grünes und rotes Basilikum

ZUBEREITUNG

1.
Die Chilis längs halbieren und das Kerngehäuse auskratzen. Dann hacken und mit Limettensaft, Honig, Zimt und Kardamom verrühren. Die Marinade am besten eine halbe Stunde ziehen lassen.
2.
Die Melonen in Spalten schneiden und die Schale entfernen. Die Melonenspalten in mundgerechte Stücke teilen und in einer großen Schüssel in der Chilimarinade schwenken.
3.
Mit Basilikum garniert servieren.

Ein sehr einfaches Rezept, das dennoch raffiniert schmeckt. Die Kombination aus frischen Chilis, Honig, verschiedenen Basilikumsorten und Wassermelone ist eine wahre Gaumenfreude.
Auch von Melonen, Chili und Basilikum werden in der Gärtnerei Ochsenherz viele verschiedene Sorten angebaut und vermehrt. Wie so oft ist der Unterschied zu den herkömmlichen, industriell erzeugten Sorten nicht nur visuell bemerkenswert, auch eine enorme geschmackliche Vielfalt zeichnet die hier angebauten Produkte aus. Bei Ochsenherz gibt es mittlerweile sogar eine eigene Melonen-Hofsorte. Diese wurde in langwieriger Handarbeit vermehrt und schmeckt ausgezeichnet.
Bei den Chilis ist wie immer Vorsicht geboten, hier gilt es, mit Bedacht jene auszuwählen, die einem gerade noch Spaß machen. Eine gewisse Schärfe wird den Liebhaber in dieser Kombination Freudensprünge machen lassen. In der Gärtnerei Ochsenherz ist unser einfaches Gericht, wie man mir sagte, nach unserem Besuch zu einem Klassiker geworden.

Schokokuchen mit Himbeeren und Nudelminze

für eine runde Kuchenform von 22–26 cm Ø

ZUBEREITUNG

1.
Die Kuchenform mit Butter einfetten und mit Zucker ausstreuen.
2.
Das Backrohr auf 170 °C Ober-/Unterhitze vorheizen.
3.
Schokolade in Stücke brechen, mit der Butter in eine Metallschüssel geben und über einem 40 °C warmen Wasserbad schmelzen.
4.
Die Eier trennen und die Dotter in die geschmolzene Schokolade rühren.
5.
Das Eiweiß mit einem Handmixer steif schlagen und den Zucker währenddessen in einem dünnen Strahl einrieseln lassen.
6.
Eischnee mit Schokomasse, Haselnüssen, Backpulver und Mehl möglichst luftig zu einem homogenen Teig vermengen und in die Kuchenform gießen.
7.
Den Kuchen 35–40 Minuten backen und abkühlen lassen. Wenn man den Kuchen einen Tag zugedeckt stehen lässt, wird er noch saftiger und der Schokogeschmack noch intensiver.
8.
Das Obers dick-cremig schlagen und auf den Kuchen streichen. Mit Himbeeren oder einer Beerenvariation nach Saison und Minzeblättchen bestreuen. Nach Lust und Laune mit Honig beträufeln.

ZUTATEN

etwas Butter
1 EL Zucker für die Kuchenform

Kuchen:

200 g Schokolade mit 70 % Cacao
100 g Butter
5 Eier
180 g Feinkristallzucker
100 g geröstete, gemahlene Haselnüsse
1 TL Weinsteinbackpulver
80 g glattes Mehl

Topping:

200 g sehr kaltes Obers
3 Handvoll Himbeeren
gezupfte Nudelminze zum Bestreuen

Beeren und Minze sind eine wundervolle Ergänzung zu diesem schnell zubereiteten Schokoladenkuchen. Es müssen aber nicht unbedingt Himbeeren sein.
Die Minze ergänzt gut die Süße der Schokolade und den süß-sauren Beerengeschmack um eine zusätzliche Note. Nudelminze ist nur eine von sehr vielen Minzsorten, deren Abgrenzung voneinander nicht immer einfach ist. Sie ist milder im Geschmack und enthält weniger Menthol als Pfefferminze, die sich für dieses Rezept nicht eignet.

Pasta mit Chioggia-Rüben

für 4 Personen

ZUTATEN

3–4 mittelgroße Chioggia-Rüben
2–3 Schalotten
2 frische Knoblauchzehen
3 EL Olivenöl
1 Schuss Weißwein
3–4 EL Rote-Rüben-Saft
Pfeffer

400 g Spaghetti oder Linguine
Meersalz
1–2 EL gehackter Dill und Koriander
Zesten von einer Zitrone
Kräuterblüten zum Garnieren

ZUBEREITUNG

1.
Die Chioggia-Rüben schälen und in möglichst feine Scheiben hobeln oder schneiden.
2.
Schalotten und Knoblauch fein hacken und in Olivenöl anrösten. Mit Weißwein ablöschen, einige Esslöffel Rote-Rüben-Saft (für die Farbe) und Pfeffer hinzufügen und einkochen lassen.
3.
Gleichzeitig die Pasta in Salzwasser bissfest kochen. Einen halben Schöpfer Nudelwasser zu den Schalotten gießen und einreduzieren lassen.
4.
Die Pasta mit Schalottensauce, Chioggia-Rüben und Kräutern durchmischen und abschmecken.
5.
Mit Zitronenzesten und Kräuterblüten bestreut servieren.

Dazu schmeckt Salat aus den in Streifen geschnittenen Rübenblättern mit einem Dressing aus Joghurt, Balsamicoessig, Salz und Pfeffer.

Die Chioggia-Rübe stammt aus dem italienischen Veneto, wo sie „tonda di Chioggia“ genannt wird. Sie ist, wie man ihr leicht ansieht, mit der roten Rübe verwandt. Schneidet man ihre Knollen auf, so wird die charakteristische rosarot-weiße Marmorierung sichtbar, die diese Rübenart so beliebt macht. Da ihr Muster bei zu langem Kochen verloren geht, zahlt es sich aus, die Rübe als Rohkost zu genießen oder nur kurz in heißem Olivenöl zu schwenken.

Für dieses Rezept wurden die Rüben in rohem Zustand in sehr feine Scheiben geschnitten. Diese sind aufgrund des Zuckergehalts der Rübe leicht süßlich und ergänzen die Pasta mit einem angenehmen Biss. Da die Rübenscheiben wirklich fein sein sollten, empfehlen wir die Verwendung eines Gemüsehobels, um möglichst biegsame, leicht zu verzehrende Scheibchen zu erhalten.

Rote-Rüben-Suppe mit Franzosenkraut

für 4 Personen

ZUTATEN

400 g Rote Rüben
4 kleine Gelbe Rüben (Burpees Golden)
1 TL Kreuzkümmelsamen
80 g Zwiebeln
1 Schnittknoblauch
40 g Ingwer
2 EL Olivenöl
1 Liter klare Gemüsesuppe
Saft einer Zitrone
Meersalz
1 TL gemahlener Kreuzkümmel
2 EL Sauerrahm
1 Handvoll Franzosenkraut

ZUBEREITUNG

1.
Die Rüben waschen, in einem Topf mit Wasser bedecken, die Kreuzkümmelsamen und etwas Salz beifügen und weich kochen.

2.
Währenddessen Zwiebeln, Knoblauch und Ingwer fein hacken und in Olivenöl auf kleiner Flamme hellbraun anschmoren. Mit Gemüsesuppe aufgießen und 2 Minuten köcheln lassen.

3.
Die Suppe mit Zitronensaft und Salz und falls nötig mit etwas gemahlenem Kreuzkümmel abschmecken.

4.
Alle Rüben unter fließend kaltem Wasser schälen. Die gelben Rüben beiseite stellen.

5.
Die Roten Rüben grob schneiden, in die Suppe geben und einmal aufkochen.

6.
Den Topf vom Herd ziehen, etwas Sauerrahm zugeben und die Suppe mit einem Stabmixer fein pürieren.

7.
Die gelben Rüben halbieren und mit der Suppe im Teller anrichten. Mit Franzosenkraut garniert servieren.

Franzosenkraut oder Kleinblütiges Knopfkraut gilt eigentlich als Unkraut, da es gern auf stickstoffreichen Böden, auf Äckern und in Gärten wächst, wo man die Pflanze nur schwer wieder loswird. In der Gärtnerei Ochsenherz kultiviert man die einjährige Pflanze aber, ganz einfach weil sie so gut schmeckt. Die Blätter des Franzosenkrauts, die man von Juni bis September ernten kann, haben einen eigenwilligen Geschmack, den man nur schwer vergleichen kann. Mit Frankreich hat das Franzosenkraut übrigens nichts zu tun. Es stammt ursprünglich aus Südamerika. Seinen Namen, so wird vermutet, trägt es, weil seine europäische Verbreitung mit den napoleonischen Feldzügen zusammenfiel.

Von der Roten Rübe gibt es eine englische Variante in gelber Farbe, die „Burpees Golden“. Sie ist der Roten Rübe geschmacklich sehr ähnlich. In diesem Rezept haben wir sie als knackige Einlage und visuellen Kontrapunkt verwendet.

II. Der Feigenhof

Die Feige gilt als älteste Kulturpflanze der Welt. In Wien Simmering widmet sich ein vergleichsweise junger Betrieb seit 2006 der Pflanze und ihren Früchten. Mehr als 50 verschiedene Feigensorten werden von Ursula Kujal und Harald Thiesz kultiviert. Dazu kommt eine Vielzahl an Kräutern, Kürbissen, Obstsorten und Gemüse. Beim Ab-Hof-Verkauf an der bezeichnenden Adresse „Am Himmelreich 325" findet man freitags und samstags einen angenehmen Gegenpol zur städtischen Intensivlandwirtschaft der Umgebung.

Der Feigenhof

Den Tipp mit dem Feigenhof gab mir ein befreundeter ORF-Kameramann, der dort schon gedreht hatte und von einer kleinen „Toskana mitten in Wien" schwärmte. Anfangs stand ich dieser Beschreibung zugegeben skeptisch gegenüber, meine Neugier hatte er aber erfolgreich angestachelt. Die Reise zum Feigenhof war recht kurz. Etwa eine Dreiviertelstunde dauerte die Busfahrt an den östlichen Stadtrand Wiens. Die Adresse klang vielversprechend: Am Himmelreich 325.

Ganz einfach zu finden ist der Feigenhof nicht. Der kleine Betrieb, der im Wesentlichen aus Garten, einem Wohn- und Arbeitsgebäude sowie einem 3000 Quadratmeter großen Glashaus besteht, versteckt sich in einer Gegend Wiens, die im wörtlichen Sinn ein Gewächshauswald ist. Am einfachsten kommt man mit den öffentlichen Verkehrsmitteln hin. Knapp vor der Zufahrt zum eigentlichen Gelände befindet sich eine Bushaltestelle, das letzte Stück geht man zu Fuß. Mit dem Auto ist die Anfahrt grundsätzlich auch nicht schwer, doch kann man sich leicht im Labyrinth der Felder und Glashäuser verfahren. Es ist kaum zu glauben, Einbahnen und Sackgassen gibt es in Wien auch dort, wo keine Häuser stehen, zwischen Feldern und Äckern.

Die städtische Landwirtschaft, wie sie rund um den Feigenhof betrieben wird, ist wert, ein wenig genauer beschrieben zu werden. Auch der Feigenhof musste in seiner jetzigen Form, weil es sich um landwirtschaftliche Nutzfläche und keinen Baugrund handelt, ja zunächst von der Stadt Wien bewilligt werden. Immerhin 42 Prozent der Grünfläche Simmerings bestehen aus landwirtschaftlicher Nutzfläche. Das sind in etwa 22 Prozent der Gesamtfläche, was wienweit aber nur der vierthöchste Wert für die landwirtschaftliche Nutzung eines Bezirks ist. Es ist schon erstaunlich: Innerhalb der Grenzen Wiens wird ein Drittel aller Gemüse angebaut, die dort jährlich verzehrt werden. Dabei diente die landwirtschaftliche Betätigung der Stadt ursprünglich nur dazu, Kinderheime und Spitäler zu versorgen. Wenn man der Selbstbeschreibung der MA 49 Glauben schenkt, dann zählt das „Amt für Forst- und Landwirtschaft", heute zu den größten biologischen Betrieben Österreichs. Sofern ich weiß, werden dazu allerdings auch die weit verstreuten städtischen Forstbetriebe gezählt.

Rund um den Feigenhof in Simmering befinden sich in erster Linie Betriebe, die für einen anderen österreichischen Gemüsehersteller arbeiten. Hier wird Intensivlandwirtschaft von Mitgliedern der LGV-Frischgemüse, dem größten österreichischen Produzenten für Gemüse, betrieben. Die etwa 110 Mitglieder der LGV erzeugen in Wien, dem Wiener Becken und im Marchfeld mehr als 50 000 Tonnen Gemüse jährlich, eine enorme Menge. Der Feigenhof sticht inmitten solcher Intensivwirtschaft auf den ersten Blick heraus: keine Schnittblumen, aber auch keine weit ausgedehnten Felder, stattdessen steht man in einer Art „essbarem Garten". Man hat den Eindruck, es gäbe kein Kraut, das hier nicht angepflanzt wird. Es gibt eine Unzahl unterschiedlicher Kräuter, und von jeder Art wachsen mindestens zwei oder mehr Sorten. Die exotischen Varianten bekannter Gewürze sind für Laien wie mich zum Glück beschriftet. Ich erinnere mich an afrikanischen Rosmarin, peruanischen, spanischen und Schweizer Salbei, an Aztekensüßkraut, Malabarspinat, jede Menge Minze und einen selbst gebrannten Likör, der, kaum zu glauben, mit 100 unterschiedlichen Kräutern angesetzt wurde!

Allgegenwärtig sind auf dem Feigenhof natürlich die Feigenbäume. Harald Thiesz spricht von etwa 50 verschiedenen Sorten. So genau kann man das nämlich gar nicht sagen, weil ihre exakte Bestimmung aufgrund der sogenannten „Sprossmutationen" sehr schwierig ist. Bei jedem Besuch bekommt man andere Feigensorten, je nachdem, welche gerade reif sind. Sommerfeigen gibt es ab Juli und die besonders schmackhaften Herbstfeigen von Mitte August bis zum ersten Frost. In einigen Jahren erhält man dank Sprossmutation vielleicht die erste hauseigene Feigensorte am Hof. Den Feigenbäumen und zu einem gewissen Grad auch dem Lebensstil der Betreiber verdankt sich die zugegeben doch irgendwie mediterrane Stimmung am Hof. Dazu kommt der imposante Anblick des Renaissanceschlosses Neugebäude, das genau auf einer Achse mit dem Hof liegt. Mein Bekannter hatte nicht übertrieben, ich befand mich in einer kleinen Toskana mitten in Wien.

Die Feige als Kulturgut

Von Ursula Kujal und Harald Thiesz lernte ich gleich bei meinem ersten Besuch, dass nicht jede Feige, wenn sie reif ist, violett sein muss. Das ist abhängig von der Sorte. Es gibt viele grüne, aber auch rote, violette und sogar weiße und gelbliche Sorten. Ob sie erntefertig sind, erkennt man daran, dass sie sich mit leichtem Druck vom Baum lösen lassen. Wirklich reif werden Feigen nämlich nur direkt am Baum. Am Feigenhof sieht man manchmal kleine, zähe Tropfen am unteren Rand der Feigen oder sie sind von einer feinen Kristallschicht überzogen: Fruchtzucker. Mir persönlich haben diese eigentlich überreifen Früchte besonders gut geschmeckt, vielleicht weil sie manchmal schon ganz leicht gärig sind – in geringen Dosen ein Genuss.

Beim Einkaufen muss man sich, was den Reifegrad betrifft, auf seinen Geschmackssinn verlassen. Das ist weniger einfach, als man denkt, denn in Supermärkten wird selbstverständlich nicht gern gesehen, wenn man das Obst anbeißt. Wir sind aus Supermärkten außerdem kaum richtig reife Ware gewohnt. Um die langen Transportwege zu überstehen, wird besonders Obst frühzeitig geerntet. Ich kenne nicht wenige Menschen, denen vor reifen Früchten sogar ekelt. Gemeint sind keineswegs nur Kinder, auch viele Erwachsene sind reifes Obst ganz einfach nicht mehr gewohnt. Ihnen möchte ich empfehlen, eine dieser fast überreifen Feigen zu kosten und sei es nur, um den Unterschied zur unreifen Frucht einmal zu erleben. Auch wenn „Geschmäcker verschieden sind“ und wohl immer auch ein Stück weit mit Gewohnheit zu tun haben – gerade das finde ich so bemerkenswert an Betrieben wie dem Feigenhof: Sie bieten uns abseits unserer gewohnten, heutzutage hochindustriellen Lebensmittelkultur die Chance, einfache Geschmäcker, die unseren Großeltern noch alltäglich waren, zu erleben. So simple Dinge wie den Geschmack einer reifen Frucht. Ein wenig einschränken muss ich das an dieser Stelle aber doch, denn zugegeben, reife Feigen aus Österreich kannten meine Großeltern vermutlich nicht.

In die österreichische Kultur hat die Feige als Importware erstaunlicherweise dennoch schon vor langer Zeit Eingang gefunden. Ins Wienerische zum Beispiel, wo Schürzenjäger volkstümlich als „Feigntandla“ bezeichnet werden oder statt „Prostitution“ auch „mit da Feign hausiern gehn“ gesagt wird. Dass die Feige sogar in der österreichischen Alltagssprache in Erscheinung tritt, ist aber nicht mehr ganz so erstaunlich, wenn man bedenkt, dass es sich beim Feigenanbau um eine der ältesten botanischen Kulturtechniken überhaupt handelt. Angeblich wurden im prähistorischen Dorf Gilgal im heutigen Israel versteinerte Feigen gefunden, die über 10 000 Jahre alt sind. Im alten Ägypten, also „nur“ etwa 2000 v. Chr., hatte die Feige als Kulturpflanze schon eine lange Tradition. Sie galt als Symbol für Leben und Tod, Fruchtbarkeit und Wiedergeburt. Das Holz des wilden Feigenbaums, des Maulbeerbaums, wurde für Mumiensärge verwendet und getrocknete Feigen waren als Grabbeigabe beliebt. Die Symbolik reicht vom biblischen Feigenblatt bis zur angeblichen Ähnlichkeit der Feige mit dem weiblichen Geschlecht. Getrocknet, als begehrte Handelsware und wertvolles Gewürz, kannte und schätzte man die süße Frucht weit über die Grenzen ihrer Anbaugebiete hinaus. Dass sie nun auch in Österreich angepflanzt wird, verdanken wir dem Feigenhof.

Feigenbäume in Österreich

Das Klima trägt natürlich dazu bei, ob eine Frucht gut und süß wird. Die Feigenfarm in österreichischem Klima kam mir als botanischem Laien deshalb auch ziemlich tollkühn vor. In der Tat würden manche Pflanzen im Winter noch einmal Früchte tragen, tun das bei uns aber – unter anderem – aus klimatischen Gründen nicht. Als „ausgesprochene Biofreaks“, wie Ursula Kujal und Harald Thiesz sich selbst nennen, wollen sie ihr Glashaus trotzdem nicht beheizen, denn die Energiebilanz wäre dann um ein Vielfaches schlechter. Den Pflanzen geht es trotzdem gut, und mit dem geringeren Ertrag lässt sich‘s leben.

Der Grund, weshalb Feigen als Nutzpflanzen bei uns kaum angebaut werden und weniger ertragreich sind, erklärte mir Harald Thiesz, ist übrigens nicht unbedingt, dass unser Klima der Pflanze so zusetzen würde, sondern vielmehr das Fehlen eines kleinen Insekts: der Feigen- oder Gallwespe. Nicht dem Baum, der Wespe ist es bei uns zu kalt. Die Feigenwespe spielt in der Kultivierung der Pflanze traditionell und für bestimmte Sorten, insbesondere für die ertragreicheren, auch heute noch eine wichtige Rolle. Viele Feigensorten benötigen, um Früchte überhaupt erst zu entwickeln, Feigenwespen, die ihre Blüten bestäuben. Manche Bäume haben sogar ihre ganz eigene Wespengattung. Hunderte unterschiedliche dieser Gattungen sind bekannt. Zusätzlich gibt es prinzipiell zwei Arten von Früchten, die allerdings auf jeweils anderen Bäumen wachsen. Eine ist die für den Menschen ungenießbare Bocksfeige, die andere die sogenannte Echte Feige. Die Wespen leben ausschließlich in den ungenießbaren Bocksfeigen, da sie in die echte Feige nicht vollständig eindringen können. Damit sämtliche Bäume, auch die echten und daher wespenlosen Feigen, bestäubt werden, hängt man in südlichen Kulturen deshalb Äste mit Bocksfeigen und Wespen auf Bäume mit echten Feigen. Man spricht dabei von Kaprifikation.

Wie lässt sich der Feigenbaum ohne Wespe nun in Österreich kultivieren? Das ist deshalb möglich, weil sich bei manchen Sorten die Früchte spontan, ohne Befruchtung oder wie man botanisch richtig sagt „parthenokarp“ entwickeln. Feigen sind äußerst komplexe Pflanzen. Das liegt unter anderem daran, dass ihr Geschlecht schwer zu bestimmen ist und es eine unglaubliche Vielfalt an unterschiedlichen Sorten mit jeweils anderen Voraussetzungen gibt. Ein Beispiel: Manche Bäume tragen zwei Mal im Jahr parthenokarpe Früchte, benötigen für eine dritte Frucht im Winter aber die Bestäubung durch die Wespe. Da man aus einigen dieser Sorten auch Stecklinge ziehen kann, ist deren Kultivierung in kälterem Klima möglich.

Auch die 10 000 Jahre alten versteinerten Feigen von Gilgal waren übrigens schon parthenokarp, enthielten also keine Samen. Ganz gleich, ob der Mensch die Feige zuerst als Steckling kultivierte oder indem er Bocksfeigenzweige in Essfeigenbäumen befestigte, schon in der Jungsteinzeit musste die Pflanze ganz bewusst angebaut werden, um ertragreich zu sein. Entgegen meiner bisherigen Meinung dürfte einer der Gründe dieser so frühen Domestizierung gerade jener sein, dass der Baum so leicht zu pflegen ist und sowohl hitze- als auch kältebeständig ist. Dazu kommt, dass sich seine Früchte wunderbar konservieren lassen, was sie sehr lange haltbar macht.

Das Haltbarmachen ist auch auf dem Feigenhof ein wichtiges Thema. Ursula Kujal und Harald Thiesz haben sich dazu entschieden, ihre Feigen nicht zu trocknen, sondern stattdessen Marmeladen einzukochen. Diese sind wie die enthaltenen Früchte in Bio-Qualität erhältlich. Die Zutaten werden, soweit das möglich ist, selber gemacht oder, wenn nötig, aus dem Bio-Fachhandel zugekauft. Sogar der Feigengeist, mit dem die Marmelade flambiert wird, stammt aus Eigenproduktion. Die Rezepte für die Feigenhof-Marmeladen sind zum Glück kein Geheimnis. Eines davon finden Sie im Rezeptteil dieses Kapitels.

Wer Genaueres über die Feige oder das Ziehen von Stecklingen wissen will, wird in Harald Thiesz einen großartigen Gesprächspartner finden. Als Lehrer für Erwerbsgartenbau kann er nicht nur über die botanischen Besonderheiten seiner Pflanzen erzählen, sondern auch wertvolle Tipps für die Aufzucht eigener Bäume geben. Ursula Kujal, ausgebildete Gartenarchitektin und ebenfalls Lehrerin an der Schule für Gartenbau, ist außerdem die richtige Ansprechpartnerin, wenn es um Gartengestaltung geht. Umso besser, dass man ab Hof nicht nur reife Früchte, sondern auch Bäume unterschiedlichen Alters im Topf beziehungsweise Container beziehen kann.

Gesunde Früchte

Lebensmittel sind wie jedes Kulturgut Moden und Ästhetiken unterworfen. Die Zubereitung von Speisen, aber auch die Rezepturen für Produkte wie Marmeladen, Wein, Brot oder Margarine haben oft lange, traditionsreiche Geschichten und variieren nicht nur regional, sondern ändern sich auch im Lauf der Zeit. Die Eingriffe des Menschen gehen in vielen Bereichen sehr weit. Die Zuchtgeschichte von Pflanzen, Futtermitteln, Gemüsen und Früchten sind ein gutes Beispiel dafür. Seit Beginn der Industrialisierung der Landwirtschaft ist die Einflussnahme des Menschen besonders dramatisch. Denn Zucht hat heutzutage nicht mehr unbedingt Geschmack und Nährwert zum Ziel, vielmehr wird Saatgut nach einer Vielzahl ganz anderer Kriterien kultiviert, und das mit erstaunlichen Erfolgen. Stichworte sind: hoher Ertrag, lange Haltbarkeit, geringer Bedarf an Nährstoffen und vom Handel vorgegebene Schönheitsideale der Produkte. Die einseitige Zuchtgeschichte des letzten Jahrhunderts, sie zielt auf möglichst hohen wirtschaftlichen Erfolg ab, hat leider ihre Kehrseiten. Erst in den letzten Jahren wird vielen Menschen bewusst, wie stark die Auswirkungen der Fokussierung auf rein wirtschaftliche Aspekte sind. Von

einem der vielen Nachteile industrieller Zucht habe ich am Feigenhof erfahren – er betrifft die sekundären Inhaltsstoffe von Pflanzen.
Diese nennt man in der Biologie auch Phytochemikalien, in der Naturheilkunde sind sie als Phytamine bekannt. Gemeint sind damit all jene chemischen Verbindungen in einer Pflanze, die nicht mit ihrem primären Stoffwechsel zusammenhängen, für die Pflanze also nicht unmittelbar lebensnotwendig sind. Diese sekundären Stoffe sind dennoch wichtig: Sie wehren Krankheiten oder Fressfeinde ab, locken Insekten und Früchtefresser an, damit diese ihre Pollen und Samen verbreiten, oder dienen als Schutz gegen UV-Strahlung oder Verdunstung. Man könnte sagen, ihre ökologische Aufgabe besteht in der Kommunikation der Pflanze mit der Umwelt. Kulinarisch interessant ist, dass sekundäre Inhaltsstoffe aus diesem Grund wesentlich Duft, Farbe und nicht zuletzt den Geschmack bestimmen können.
Auch für den Menschen sind sekundäre Inhaltsstoffe von Bedeutung. In unseren Nahrungsmitteln finden sich davon bis zu 10 000 unterschiedliche, mit jeweils anderer Wirkung und in stets anderer Dosierung. Am bekanntesten sind Stoffe wie Nikotin oder Koffein. Aber auch Phenole, Carotinoide, Terpene und viele mehr wirken sich auf den menschlichen Organismus aus. Mögliche Wirkungen reichen von der Regulierung des Blutdrucks über die Förderung der Verdauung bis hin zur Bekämpfung von Bakterien, Anregung des Immunsystems oder die Hemmung von Krebsentstehung. Was die konkrete Auswirkung einzelner Stoffe auf die Gesundheit betrifft, sind sich die Naturheilkunden und moderne Wissenschaft nicht immer einig. Wissenschaftliche Studien, insbesondere Langzeitstudien, gibt es derzeit noch kaum.
Einige ätherische Öle und Substanzen kommen nur in sehr geringen Mengen in Pflanzen vor. Von manchen müsste man also enorme Mengen zu sich nehmen, was wiederum die typischen Probleme einseitiger Ernährung mit sich brächte. Die Dosis schließlich entscheidet auch darüber, ob ein Wirkstoff gesund ist oder womöglich negative Auswirkungen – etwa im Fall von Koffein – haben kann. Ohne auf konkrete Einzelfälle einzugehen, ist man in der modernen Medizin mittlerweile davon überzeugt, dass sekundäre Pflanzenstoffe eine große Bedeutung für die Gesundheit des Menschen haben.
Ursula Kujal und Harald Thiesz gehen davon aus, dass der Anteil sekundärer Verbindungen in Bioprodukten um 10 bis 50 Prozent höher ist als in konventionellen Nahrungsmitteln. Einer der Gründe dafür ist die oben erwähnte Zuchtgeschichte vieler Pflanzen und die Art und Weise, wie sie in der Lebensmittelindustrie verarbeitet werden. Oftmals sind anerzogene Schönheitsideale und Geschmackswünsche schuld: Kauft man im Supermarkt Beeren, so sollen diese vor allem süß sein. Alles was sehr sauer oder auch bitter schmeckt, fällt den Vorgaben des Handels zum Opfer und wird weggezüchtet – in diesem Fall leider auch wertvolle sekundäre Inhaltsstoffe. Maßgeblich ist auch die Widerstandskraft von Pflanzen und wie sie gehalten werden. Erstaunlicherweise werden viele Pflanzen nicht gezüchtet, um Schädlingen standzuhalten, sondern um die immer aggressiver werdenden Schädlingsvernichtungsmittel zu überleben. Ein Nebeneffekt ist, dass sie weniger eigene Abwehrstoffe entwickeln. Auch in diesem Fall gehen also sekundäre Inhaltsstoffe und damit ein wesentlicher Teil ihres Eigengeschmacks verloren. Ein dritter Grund für das Verschwinden wertvoller Substanzen in Pflanzen ist schließlich, dass Stress den Sekundärstoffwechsel der Pflanze ankurbelt, zum Beispiel der Kampf der Pflanze um Stickstoff.
Vereinfacht gesagt heißt das: Pflanzen, die besonders viel gedüngt werden, müssen sich weniger anstrengen und bilden daher weniger der wertvollen Sekundärstoffe aus. All das spricht für eine kleinteilige Landwirtschaft und kleine Betriebe wie den Feigenhof. Chemischer Dünger oder Pflanzenschutzmittel sind dort tabu. Handelsübliche Schönheitsideale treten zugunsten regional angepassten, ökologischen Anbaus und geschmacklicher Vielfalt in den Hintergrund.
Noch ein Argument lässt sich anführen: Nicht nur der Unterschied zwischen konventionellem Anbau und biologischer Landwirtschaft wirkt sich aus. Besonders drastisch ist der Unterschied der Inhaltsstoffe zwischen den vielen verschiedenen Sorten einzelner Früchte oder Gemüse. Eine möglichst große Vielfalt kann daher nur von Vorteil sein. Von der konventionellen Landwirtschaft und leider auch vom industriell betriebenen Bioanbau wird genau diese Vielfalt aber vermieden. In Supermärkten, egal in welchen, bekommt man derzeit nur fünf immer gleiche Apfelsorten. Von Feigen oder Kräutern bekommt man – falls überhaupt – nur eine einzelne Sorte. Am Feigenhof ist die Auswahl ein Vielfaches davon.

Feigenhof Infos

Den Feigenhof gibt es seit 2006. Er wird von Harald Thiesz, Lehrer für Erwerbsgartenbau, und Ursula Kujal, Lehrerin für Gartenarchitektur, betrieben. Beide unterrichten nach wie vor an der Berufsschule für Gartenbau und Floristik, Wien. Die über 230 Topfkräuter, Feigenbäume, Frischgemüse, Feigenprodukte und frischen Feigen vom Feigenhof gibt es zu einem kleinen Teil bei ausgewählten Gastronomen, der „Labstelle" in Wien, dem „Steirereck" und im Wiener Bioladen „Grüne Werkstatt". Sämtliche Produkte sind auch ab Hof erhältlich. Eine Auswahl davon – vor allem eingekochte und eingelegte Ware – bekommt man auch per Online-Versand. Dass Produkte von der Feige nicht immer süß sein müssen, beweist Harald Thiesz' und Ursula Kujals wunderbarer Feigensenf – Empfehlung!

Am Himmelreich 325, 1110 Wien
Telefon: +43 (0) 664 422 44 80
bio@feigenhof.at
www.feigenhof.at

Süßer Feigensalat mit Blauschimmelkäse

für 2 Personen

ZUTATEN

3 oder 4 reife Feigen
Honig
reifer Blauschimmelkäse

ZUBEREITUNG

1.
Die frischen Feigen waschen und je nach Größe und Vorliebe in Hälften, Viertel oder kleine Stücke schneiden. (Wir haben die Feigen halb mit der Gabel, halb mit den Händen bei einer kurzen Pause im Glashaus gegessen und daher nur halbiert.)
2.
Blauschimmelkäse in dünne Scheiben schneiden und auf dem Teller anrichten.
3.
Feigen auf dem Käse anrichten und mit Honig beträufeln.

Rezepte mit Feigen kannte ich bisher nur wenige. Am ehesten hatte ich die Frucht als Rohkost gegessen – und auch das vor allem auf Reisen im Mittelmeerraum. Die Feige lässt sich aber in vielen Gerichten verwenden und passt als süßer Kontrapunkt auch gut zu Fleisch. Ob gebraten, gekocht oder als Chutney, man kann kaum etwas falsch machen.
Für den Autor der Rezepte, Alexander Rieder, war die Feige keine Herausforderung. Er hatte sofort Ideen, die mich beim Kosten begeisterten. Was für so gut wie alle Speisen in diesem Buch gilt, ist gerade auch bei der Feige richtig: Experimentieren und Ausprobieren zahlen sich aus.
Die Zubereitung dieses Fruchtsalates ist derart einfach, dass sie den Namen „Rezept" eigentlich kaum noch verdient. So einfach die Idee, so gut ist der Geschmack. Feigen auf einem guten Blauschimmelkäse, zum Beispiel jenem von Käser Robert Paget, mit einem Hauch von Honig sind eine tolle Jause für Zwischendurch.
Die Süße der Feigen bietet einen angenehmen Gegenpol und entschärft das manchen vielleicht zu intensive Reifearoma des Käses. Mit dem Honig kann man sparsam sein: Sind die Feigen sehr reif und süß, also so wie man sie auf dem Feigenhof bekommt, dann kann er schon mal zu viel werden.
Für eine Variante dieses Gerichts brät man die Feigen vorher. Dazu einfach mit etwas Balsamico beträufeln und etwa 10 Minuten im Ofen bei 220 °C braten, bis die Feigen leicht bräunlich werden.

Feigenrisotto

für 4 Personen

ZUBEREITUNG

1.
Ein Drittel der Feigen mit dem Honig pürieren. Die restlichen Feigen in Würfel schneiden.
2.
Den Bauchspeck und die Zwiebeln in feine Würfel schneiden und in Olivenöl hellbraun andünsten.
3.
Den Reis kurz anrösten und mit Weißwein ablöschen. Jeweils so viel Hühnersuppe angießen, dass der Reis bedeckt ist, und unter öfterem Rühren bei mittlerer Hitze kochen, bis der Reis durch ist, aber noch etwas Biss hat.
4.
Das Feigenpüree unterrühren, mit Salz und Pfeffer kräftig abschmecken und weitergaren.
5.
Feigenstücke und Käse untermengen, das Risotto fertig ziehen lassen und heiß servieren.

ZUTATEN

400 g frische Feigen
1 TL Honig
100 g Bauchspeck (falls erwünscht)
100 g Zwiebeln
4 EL Olivenöl

400 g Rundkornreis für Risotto
125 ml Weißwein
1,2 Liter heiße Hühnersuppe
(siehe S. 161)

30 g geriebener Hartkäse
Salz, Pfeffer

Risotti sind sehr einfach zubereitete Gerichte, die man unendlich variieren kann. Die Kombination aus Feigen, Bauchspeck und Käse ist großartig. Wir haben keinen Parmesan verwendet, sondern Hartkäse aus einer Vorarlberger Biokäserei (Rochuskäse vom Hilkater). Dieser Käse ist etwas kräftiger im Geschmack und würziger, was mit der Süße der Feige besonders gut harmoniert. Auch ohne Speck ist das Rezept gut, Vegetarier lassen diesen also einfach weg.
Ein gutes Risotto ist zwar einfach zu machen, braucht aber etwas Zeit und vor allem Aufmerksamkeit. Wirklich gut ist es nur dann, wenn man bei offenem Deckel stets so viel Suppe oder Wein nachgießt, wie notwendig ist, um den Reis gerade noch zu bedecken. Man sollte unbedingt regelmäßig umrühren, damit nichts anbrennt. Ob das Risotto fertig ist, erkennt man an der Konsistenz und am Biss. Ich persönlich liebe ja Rezepte, die mir erlauben, ständig ein klein wenig zu naschen – beim Risotto geht es gar nicht ohne.
Wie bei allen Rezepten, die eine vorgefertigte Suppe benötigen, zahlt sich auch hier aus, diese selbst zu machen. Ein ausgezeichnetes Rezept für Hühnersuppe finden Sie auf Seite 161 in diesem Buch. Klassische Risotti gießt man je nach Rezept manchmal nur mit Wein auf. Wer im Gegenteil ganz auf Alkohol verzichten will, verwendet statt Wein Wasser mit Verjus als Säuerungsmittel. Verjus ist der unvergorene Saft unreifer Trauben. Man bekommt ihn in gut sortierten Bioläden. Einen sehr guten Verjus stellt die „Weinbeißerei“ im niederösterreichischen Kamptal her. Doch Vorsicht: Verjus kann sehr sauer sein. In Kombination mit Feigen ist ein Hauch Säure aber eine feine Ergänzung.

Lammkotelettes mit Feigenchutney

für 4 Personen

ZUTATEN

Feigenchutney:

250 g Schalotten
30 g Ingwer
50 g Butter
10 frische Feigen
60 g Zucker
1 Sternanis
1 Prise Zimt
Kardamom
2 EL Apfelessig
1 Schuss Portwein

Zitronen-Erdäpfelpüree:

800 g mehlige Erdäpfel
80 g Butter
1 TL Zucker
abgeriebene Schale einer Biozitrone
Saft einer halben Zitrone
200 ml heiße Milch

Kotelettes:

8 Lammkotelettes
2 EL Olivenöl
2 Knoblauchzehen
1 Zweig Rosmarin
2 Zweige Thymian
1 kleiner Lavendelzweig
1 EL Butter
Salz, Pfeffer

ZUBEREITUNG

1.
Schalotten und Ingwer sehr fein hacken und in einem Topf in Butter bei milder Hitze hellbraun anrösten.
2.
Die Feigen würfeln und mit Zucker und den restlichen Zutaten in den Topf geben. Alles zu einem Chutney einkochen.
3.
Für das Püree die Erdäpfel in der Schale weich kochen, ausdampfen lassen und schälen. Die Erdäpfel durch eine Presse drücken oder fein zerstampfen.
4.
Die Butter mit Zitronenschale und Saft sowie dem Zucker aufkochen und mit der heißen Milch unter die gepressten Erdäpfel rühren.
5.
Die Lammkotelettes mit den Knoblauchzehen auf beiden Seiten je 3 Minuten in Olivenöl anbraten. Butter und Kräuter hinzufügen und eine Minute lang unter ständigem Übergießen weiterbraten.
6.
Die Kotelettes mit Salz und Pfeffer bestreuen, mit Zitronen-Erdäpfelpüree und Chutney anrichten. Mit Bratensaft beträufeln und mit Blüten garnieren.

Chutneys stammen ursprünglich aus Indien und wurden von den Engländern nach Europa importiert, wo man sie in Gläsern eingemacht vor allem wegen ihrer langen Haltbarkeit schätzte. Heute gibt es eine Vielzahl an Saucen und Marmeladen, die als Chutney bezeichnet werden, auch wenn diese nicht mehr allzu viel mit den indischen Rezepten gemeinsam haben. Auch wir verwenden den Begriff „Chutney“ ganz undogmatisch und verstehen darunter einfach eine etwas gröbere Fruchtsauce, die im Unterschied zur Marmelade außerdem eine pikante oder leicht saure Note enthält. Sie passt ganz ausgezeichnet zu Fleischgerichten. Uns schmecken Chutneys besonders gut, wenn die Früchte nicht zur Gänze püriert werden. Wir kochen sie deshalb gerade so lange, dass man ihre Konsistenz noch spüren kann.

Feigenmarmelade

Rezept von Harald Thiesz

ZUBEREITUNG

1.
Einmachgläser gut auswaschen und im Rohr auf 160 °C vorwärmen.
2.
Feigen im Topf unter ständigem Rühren kurz aufkochen lassen und Zucker im Verhältnis 1:10 beimengen.
4.
Mit Zitrone, Kardamom und Zimt würzen.
5.
Natürliches Pektin beimengen. Dazu einen Hauch Staubzucker, damit es keine Klumpen bildet. Etwa 3 Minuten kochen lassen und je einen Schuss Orangen- und Zitronenöl beifügen. Das verstärkt die Gelierwirkung. Sobald die gewünschte Konsistenz erreicht ist (siehe mittleres Bild unten), vom Herd ziehen. Mit etwas Wasser verdünnen, falls die Marmelade zu süß ist. Langsam auskühlen lassen und erst bei circa 45 °C in Einmachgläser abfüllen.
6.
Vor dem Verschließen mit Bio-Feigengeist vom Feigenhof die fertige Marmelade kurz flambieren, um allen Sauerstoff aus den Gläsern zu bekommen. Die Marmeladen sind dadurch wesentlich länger haltbar.
7.
Nach dem Abfüllen mindestens zwei Tage unter einer Decke ruhen lassen. Die Temperatur soll nur langsam sinken, damit das Pektin länger wirken kann.

Achtung: Beim Pektin hängt die Wirkung sehr davon ab, welches man gekauft hat. Am besten ist, man macht einen Probedurchlauf.

ZUTATEN

1 kg frische Feigen
100 g Zucker
etwas Zitrone, Kardamom, Zimt
circa 10 g Pektin als Bindemittel (am besten natürliches Pektin aus Pressrückständen von Äpfeln und Quitten)
Staubzucker
Wasser, wenn zu süß
ein Schuss Orangen- und Zitronenöl
Feigengeist mit 80 % Alkohol

Feigentarte

für eine Tarteform mit etwa 26 cm Ø

ZUBEREITUNG

1.
Für den Mürbteig das Mehl mit Zucker und einer Prise Salz mischen, auf der Arbeitsfläche häufen und in die Mitte eine Mulde drücken. Das Ei in die Mulde schlagen, die Butterstücke und die abgeriebene Zitronenschale um das Ei herum verteilen.

2.
Alle Zutaten mit dem Messer gut durchhacken, sodass kleine Teigkrümel entstehen. Mit kalten Händen rasch zu einem Teig verkneten und zu einer Kugel formen. Den Teig in Frischhaltefolie wickeln und mindestens eine halbe Stunde kühl stellen.

3.
Den Backofen auf 200 °C vorheizen und die Tarteform einfetten.

4.
Den Teig auf der mit Mehl bestäubten Arbeitsfläche ausrollen. Die Form damit auskleiden.

5.
Für die Füllung die Feigen waschen, trocken tupfen und vierteln, mit den Spitzen nach oben auf den Teig setzen. Die Tarte mit den Feigen im vorgeheizten Backofen auf der mittleren Schiene 15 Minuten vorbacken.

6.
Den Sauerrahm mit den Eiern, dem Zucker und dem Vanillezucker in einer Schüssel verquirlen.

7.
Die Sauerrahm-Ei-Mischung über die Feigen gießen und im Ofen noch etwa 20 Minuten weiterbacken, bis die Oberfläche eine schöne Färbung angenommen hat.

ZUTATEN

Mürbteig:

200 g glattes Mehl
50 g Staubzucker
1 feine Prise Salz
1 Ei
100 g kalte, gestückelte Butter
1 Msp. abgeriebene Zitronenschale

Füllung:

6 geviertelte Feigen
120 g Sauerrahm
3 Eier
40 g Kristallzucker
1 TL Vanillezucker

Mürbteig ist schnell und einfach zubereitet. Wer noch nie Mürbteig gemacht hat, wird kaum glauben, dass aus den Butter-Mehl-Klumpen ein richtiger Teig wird. Man muss ihm nur etwas Zeit geben durchzuziehen. Geduld! Das Mehl braucht einige Zeit, bis es zu quellen beginnt und sein Eiweiß aufschließt. Notfalls, oder wenn man besonders ungeduldig ist, kann man einen Esslöffel Wasser beimengen, um den Vorgang zu beschleunigen, aber auf keinen Fall mehr. Eine halbe Stunde muss der Teig dann mindestens ruhen, am besten eine ganze Nacht lang. Dann lässt er sich später leichter weiterverarbeiten. Bei Zimmertemperatur klopft man ihn mit dem Nudelholz ordentlich weich. Sollte das Ausrollen an den Rändern nicht ganz gelingen, nur nicht abschrecken lassen. Die Menge reicht für etwas mehr als die angegebene Form. Den überschüssigen Teig nimmt man zum Zusammenkleben unerwünschter Löcher und Risse oder aber wie hier im Bild als Verzierung. Dazu einfach Kügelchen formen, an den Rand der Form kleben und mit der Gabel eindrücken.

III. Der Kaiser der Paradeiser und die Arche Noah

„Kaiser der Paradeiser" wird Erich Stekovics liebevoll genannt. Im östlichen Burgenland betreibt er in Zusammenarbeit mit dem Verein Arche Noah ein Archiv von rund 3500 Tomaten- und etwa 500 Chilisorten. Die Arche Noah setzt sich für die Diversität von Kulturpflanzen ein. Sie bewahrt alte Pflanzensorten vor dem Aussterben, kultiviert sie in einem Schaugarten und entwickelt fast verloren gegangene Pflanzensorten mit Partnerbetrieben wie jenem von Erich Stekovics weiter. Aus der Vielfalt seiner Tomatensorten kreiert Stekovics eingelegte und eingekochte Spezialitäten. Rechts sehen sie den Bauern eine frische Tomate vom Feld kosten – er ist sichtlich begeistert.

Paradies der Paradeis

Erich Stekovics' Landwirtschaft liegt in einem der östlichsten Bereiche des Burgenlandes, zwischen Neusiedlersee und der ungarischen Grenze. Bei Fahrradtouristen ist die Gegend beliebt, ansonsten aber, abseits der stark befahrenen Bundesstraßen, ein wenig verschlafen. Auffällig am Weg nach Frauenkirchen waren nur die ausladenden Windradparks, die kilometerweit das Land durchziehen. Umso mehr erstaunte mich, dass ich vor Stekovics' Hofladen einen vollen Reisebus vorfand. Die Besucher strömten geradezu in den Laden. Am Tag zuvor, so wurde mir gesagt, hatte ein Filmteam auf Stekovics' Feldern gedreht. Morgen würde dann die beschwerliche Ernte losgehen. Der viel beschäftigte und offensichtlich sehr beliebte Landwirt erlaubte mir deshalb ausnahmsweise, bei einer der heiß begehrten, eigentlich schon ausgebuchten Genuss-Stunden mitzugehen. Das sind Führungen durch seinen Hofladen und auf ein extra angelegtes Schaufeld. Selbstverständlich werden dabei seine Paradeiser, wie man im Osten zur Tomate sagt, und die eingelegten und verkochten Delikatessen aus der hauseigenen Manufaktur verkostet. Ich glaube, ich habe noch nie so viele unterschiedliche Geschmacksrichtungen und Nuancen nur einer Frucht erlebt wie an diesem sonnigen Nachmittag in Frauenkirchen. Man nennt Erich Stekovics zu Recht den „Kaiser der Paradeiser".
Obwohl er schon als Kind auf dem Hof der Eltern Saatgut sammelte und sortierte, seinen Traum von der eigenen Landwirtschaft verwirklichte er erst spät, mit 35 Jahren. Zuvor arbeitete der studierte Theologe viele Jahre als Religionslehrer. Nachdem er den Hof seiner Eltern dann doch übernahm, begann er den Gemüseanbau mit Chilis und zeigte gleich zu Beginn, welche unglaubliche Diversität in nur einer Pflanze steckt. Chilis sind nicht nur scharf, findet Erich Stekovics, ihr Geschmack reicht von leicht schokoladigen Noten bis zu fruchtiger Frische. Die Anzahl der geschmacklichen Nuancen ist ebenso erstaunlich wie der Grad an Schärfe, den manche seiner Paprika erreichen. Angeblich pflanzt Stekovics diese besonders scharfen Pflanzen gerne am Rand seiner Felder an. Vorbeiradelnde Fahrradtouristen würden dann höchstens eine einzige Chili stibitzen und das Interesse am Rest seiner Felder schlagartig verlieren.
Dass Stekovics und die Arche Noah, die Gesellschaft zur Erhaltung von Kulturpflanzen, zusammenfanden, war vermutlich nur eine Frage der Zeit. Was als gemeinsamer Versuch, als „Sichtungsanbau" begann, ist zur Leidenschaft geworden und zum vermutlich größten Archiv an Paradeisern weltweit. Heute hält und vermehrt Erich Stekovics unglaubliche 3500 unterschiedliche Tomatensorten und circa 500 Chilisorten – Tendenz steigend! Von dieser enormen Zahl werden mindestens 400 Paradeisersorten jeden Sommer auf seinen Feldern angebaut, der Rest befindet sich im Saatgutarchiv und wird in Strümpfen und kleinen Briefchen aufbewahrt. Die Anzahl unterschiedlicher Farben, Größen und Geschmäcker auf den Feldern von Stekovics ist beeindruckend. Manche Paradeiser sind einfach und subtil im Geschmack, andere schmecken so intensiv wie Beeren, manche sind wässrig und wieder andere exotisch, mit einer Note von Ananas, Erdbeere oder einer anderen Frucht. Wenn man Stekovics' eingelegte Früchte, seine Chutneys, Marmeladen und anderen Delikatessen kostet, merkt man, dass der vielseitige Landwirt auch einmal Koch werden wollte. Wie kein anderer versteht er es, den geschmacklichen Reichtum seiner Früchte einzusetzen und wählt für jede Verarbeitungsmöglichkeit die passende Sorte aus. Dabei geht er sehr behutsam vor, denn er will den Geschmack der Paradeiser möglichst unverfälscht einfangen.
Obwohl die Vielfalt auf Stekovics' Feldern atemberaubend ist, wirken die Anbauflächen selbst auf den ersten Blick unscheinbar. Ich hatte Tomaten bisher nur gesehen, wenn sie aufgesteckt wurden. Das macht Stekovics aber nur mit den Pflanzen in den Folientunneln, die zur Saatgutgewinnung dienen. Auf dem Feld liegen sie wie kleine Büsche auf dem Boden. Erst wenn man die buschigen Tomatenpflanzen ein wenig hochhebt, erschließt sich ihr Reichtum. Je nach Größe und Sorte der Paradeiser können Hunderte Früchte an einer Pflanze hängen. Die Tomate ist eine Überlebenskünstlerin. Ihre Wurzeln können sich selbst durch härteste Böden graben und viele Meter lang werden. Am liebsten lässt Stekovics seinen Pflanzen deshalb ihre Ruhe: kein Aufstecken, kein Ausgeizen, auch kein Gießen und schon gar kein Dünger. Sogar im trockenen Sommer 2013 goss er die Pflanzen auf seinen Feldern kein einziges Mal. Angst, die Tomaten könnten auf dem Boden schneller Krankheiten wie Pilzbefall oder Fäule bekommen, hat Stekovics nicht. Ein Grund dafür ist, dass er nicht ausgeizt – also die Nebentriebe der Pflanze nicht abschneidet. Ausgeizen, so meint er, sei nur für Leute, die gerne größere Pflanzen als ihre Nachbarn hätten. Das Abbrechen der Nebentriebe stellt für die Pflanze eine Verletzung dar und lässt sie anfälliger für Krankheiten werden.
Ein bisschen was macht Stekovics auf seinen Feldern aber doch. Zum Beispiel wechselt er diese jedes Jahr. In einem Verband mit anderen Bio-Bauern werden mit den Jahren die Feldabschnitte getauscht. Man gönnt den Böden dadurch eine abwechslungsreiche Fruchtfolge. Da viele Erzeuger aus der Gegend mitmachen, bewirtschaftet Stekovics nur einmal alle zehn Jahre dasselbe Feld. Der Boden wird dann für die Paradeiserpflanzen speziell vorbereitet und gemulcht, also mit einer Strohmischung bedeckt. Diese lässt Wasser zwar einsickern, verringert aber die schnelle Verdunstung von unten. Das Mulchen unterdrückt außerdem das Wachstum von Unkraut, ist gut für das Bodenleben und speichert abends Wärme. Das günstige Klima im östlichen Burgenland besorgt schließlich den Rest. Die Paradeiser fühlen sich wohl, was man auch schmeckt.
Erich Stekovics vergleicht sein Gemüse gern mit gutem Wein. Genau wie bei

Wein wünscht er sich eine eigene Obst- und Gemüsekultur, die Wert auf Vielfalt und guten Geschmack legt. Die Geschmacksrichtungen der Tomate wurden immerhin jahrhundertelang gezüchtet und in mühevoller Handarbeit gepflegt. Dem Samen der Lieblingstomate von Erich Stekovics, des gelben Johannisparadeisers (siehe Rezept auf S. 61), wird immerhin eine 1 400 Jahre währende Geschichte nachgesagt. Weltweit vermutet Stekovics mehr als 300 000 unterschiedliche Paradeisersorten! Mit dieser unglaublichen Zahl im Kopf ist der Blick in unsere Supermärkte beschämend. Vergleicht man Tomaten mit Wein, so würde es im Handel gerade mal einen einzigen Weißwein und vermutlich nicht einmal Rotwein geben. Was bei Wein selbstverständlich ist, haben wir in Hinsicht auf Gemüse beinahe verlernt – unsere Gemüsekultur wird zunehmend ärmer. Erich Stekovics setzt sich deshalb auch politisch für die Vielfalt auf unseren Feldern ein.
Beate Koller, die Geschäftsführerin der Arche Noah, habe ich gefragt, was Sortenraritäten mit Politik zu tun haben. „Sehr viel!", lautete die Antwort. Denn an Verhandlungstischen und in Parlamenten wird entschieden, was auf dem Acker, im Beet und auf dem Markt passieren darf. Beate Koller hat mir erzählt, wie es um die Diversität von Kulturpflanzen bestellt ist. Sie hat mir auch erklärt, was die vorerst verhinderte EU-Saatgutverordnung genau beinhaltet hätte. Erich Stekovics zählt zu den bekanntesten Kritikern dieser Verordnung.

Die Arche Noah

Die „Gesellschaft für die Erhaltung von Kulturpflanzen", kurz Arche Noah, gibt es seit den Achtzigerjahren. Gegründet wurde sie von sehr unterschiedlichen Menschen, von Journalisten, Landwirten und Hobbygärtnern, denen aufgefallen war, dass viele Pflanzen und Früchte zunehmend aus unseren Gärten und von den Märkten verschwanden. Diese damals recht einfache Beobachtung lässt

sich heute dank vieler internationaler Studien eindrucksvoll mit Zahlen belegen. Schenkt man der Internationalen Kommission für die Zukunft von Ernährung und Agrikultur Glauben, so sind in den letzten 100 Jahren ungefähr 93 Prozent aller Kulturpflanzensorten weltweit verschwunden – ein unglaublicher Verlust. WHO und UN sind etwas weniger pessimistisch, kommen aber zu ähnlichen Resultaten, wenn sie sagen, im 20. Jahrhundert seien etwa 75 Prozent aller Kulturpflanzen verloren gegangen. Alte und seltene Sorten von Gemüse, Getreide und Obst wurden in jener Zeit als wertlos abgestempelt. Ein konkretes Beispiel: In den USA gab es Anfang des 20. Jahrhunderts noch mehr als 7 000 Apfelsorten. Heute sind es nur noch etwa 300, also um rund 95 Prozent weniger. In Europa ist die Situation keinesfalls besser. Betrachtet man, wovon wir uns ernähren, wird das überdeutlich. Die durchschnittliche pflanzliche Nahrung der Menschen weltweit besteht heute aus gerade einmal 120 kultivierten Sorten. Nur zwölf Pflanzensorten und vier Tierarten machen etwa 70 Prozent aller menschlichen Nahrung aus. Man nimmt an, dass dem Menschen ursprünglich Zehntausende unterschiedliche Kulturpflanzen zur Ernährung dienten. Heute dominiert eine kleine Zahl kommerzieller Arten und sogenannter Hybridsorten.
Von Hybriden hatte ich schon bei Ochsenherz gehört. Ich hatte bis dahin keine Ahnung, was damit gemeint ist. Beate Koller versuchte, es mir zu erklären. Hybride könnte man als Speerspitze der Industrialisierung von Agrikultur bezeichnen. An ihnen wird der enge Fokus der Agrarindustrie und -politik augenscheinlich. Kurz gesagt geht es bei dieser Züchtungstechnik darum, bestimmte Eigenschaften einer Pflanze in besonderem Maß zu steigern. Das erreicht man unter Laborbedingungen, indem man ausgewählte Pflanzen bis zu acht Generationen lang in Inzucht, also zum Beispiel durch Selbstbestäubung, kreuzt. Wichtig ist ein möglichst homogenes Erbgut, um den in der Genetik sogenannten „Heterosiseffekt“ zu erzielen. Weshalb dieser auftritt und wie er funktioniert, ist wissenschaftlich nach wie vor nicht ganz geklärt. Seine Wirkung ist umso bekannter: Bei der ersten Generation von Nachkommen einer Hybridsorte treten gewisse Merkmale besonders hervor. Diese in ihren Eigenschaften überlegene Generation nennt man F1-Generation. Die Art der Eigenschaften hängt ganz vom jeweiligen Zuchtziel ab. Heute gezüchtete F1-Pflanzen wachsen zum Beispiel um ein Vielfaches schneller, sie tragen gleichförmigere Früchte, die zur selben Zeit reifen und exakt gleich groß werden oder sie haben bestimmte Resistenzen. Auch der Ertrag der Pflanzen ist selbstverständlich ein Zuchtziel. Jener von Mais kann durch den Heterosiseffekt sogar verdoppelt werden. Hoher Ertrag und bessere Eigenschaften, das klingt eigentlich nicht schlecht. Was ist also der Nachteil von Hybridsorten?
Zunächst sind Zucht- und Entwicklungsarbeit von Hybriden sehr aufwendig. Sie kosten Zeit, Energie und Geld, was sich selbstverständlich in den Preisen niederschlägt. Hybride sind Hochleistungssorten. Das heißt aber auch, dass sie viel Wasser und Nährstoffe brauchen. Außerdem sind sie nicht samenfest. Das heißt, dass sie nur einmalig verwendet

werden können, ohne ihre Eigenschaften zu verlieren. Da ihr Erbgut sehr homogen ist, kann man sie nicht einfach weiterzüchten. Die guten Eigenschaften der F1-Generation verschwinden – nach Mendelscher Vererbungslehre – nämlich bei den Folge-Generationen. Die unterschiedlichen Gene gehen dann wieder sämtliche möglichen Kombinationen ein. Das Resultat ist ein unberechenbarer Mix aus Eigenschaften, der für Landwirtschaft und Handel, aber auch kulinarisch und ernährungsphysiologisch kaum zu gebrauchen ist. Da ihre Entwicklung teuer ist und man sich nicht zuletzt Gewinn verspricht, werden F1-Sorten patentiert. Ihre Züchtungstechnik ist also nicht allgemein zugänglich. Unsere Landwirte sehen sich vor einem doppelten Problem. Sie können die Sorten auf ihren Äckern nicht mehr selbst vermehren und müssen gleichzeitig jedes Jahr neues F1-Saatgut von den großen Saatgutkonzernen kaufen. Diese Art zu wirtschaften hat in den letzten Jahren zu enormen Abhängigkeiten und Marktkonzentrationen geführt. Eine Studie der Grünen im Europäischen Parlament hat 2014 ergeben, dass 95 Prozent des weltweiten Gemüsesaatgut-Sektors von nur fünf Unternehmen gesteuert werden. Der Großkonzern Monsanto hält alleine 24 Prozent des europäischen Marktes, dicht gefolgt von Pioneer. Es geht dabei um enorme Summen. 2012 hatte der EU-Saatgutmarkt einen Wert von etwa sieben Billionen Euro, was nur etwa 20 Prozent des globalen Marktes entspricht.
Firmen wie Monsanto verdienen aber nicht nur am Saatgut, das sie den Bauern verkaufen. Einen wesentlich größeren Anteil ihres Umsatzes machen Dünge- und Spritzmittel aus, die sie zusätzlich vertreiben. Es stellt sich also die Frage, nach welchen Kriterien eigentlich konkret gezüchtet wird. Da als kaufentscheidende Faktoren stets Resistenz, Aussehen und Haltbarkeit galten, schmecken Hybridsorten, wie man speziell bei der Tomate bemerken kann, oft nach wenig. Zuchtziel vieler Hybride ist außerdem möglichst große Gleichförmigkeit, damit maschinell geerntet werden kann. Was einen aber wirklich aufhorchen lässt, ist ein anderes Kriterium: die Verträglichkeit gegenüber den immer stärker werdenden Dünge- und Spritzmitteln, die von denselben Firmen hergestellt werden, die auch das Saatgut produzieren. Für Monsanto und Co ein doppelter Gewinn!
Die hohe Marktkonzentration globaler Saatgutfirmen und der enge Fokus auf wirtschaftlichen Erfolg sind letztlich der Grund für den so hohen Verlust an Varietät, den wir zu beklagen haben. Biodiversität, weiß man bei der Arche Noah, ist aber der Schlüssel zur Stabilität von Ökosystemen und vor allem zur Sicherheit unserer Ernährung. Mais oder Tomaten, die von großen Konzernen hergestellt werden, sind überall auf der Welt exakt gleich. Damit sie auf bestimmten Böden oder in fremden Klimazonen überhaupt wachsen, müssen sie übermäßig gedüngt werden. Da sie seit Jahrzehnten künstlich verändert werden, sich aber nicht lebendig an Umwelteinflüsse anpassen, sind sie besonders anfällig für Schädlinge, die sich in der freien Natur selbstverständlich stetig weiterentwickeln. Natur bedeutet immer auch Veränderung. Nur ein möglichst großer Genpool kann diesen Veränderungen standhalten. Der Arche Noah geht es also auch um Fragen der Ernährungssicherheit oder

Ernährungssouveränität: Ist weltweite Ernährungssicherheit wirklich gegeben, wenn nur wenige Firmen Saatgut produzieren, während unsere Landwirte das selber nicht mehr können?
Im Europäischen Parlament werden seit einigen Jahren genau solche Dinge diskutiert. Das ist maßgeblich der Arbeit der Arche Noah und anderen NGOs wie Global 2000 zu verdanken. Bisher hatten vor allem die Lobbys der großen Konzerne das Sagen, was auch in der im Frühjahr 2014 vorerst abgewendeten EU-Saatgutverordnung deutlich wurde. Diese sollte regeln, wer wann welches Saatgut verkaufen und vermehren darf. Man kann sich vorstellen, dass das Interesse der Agrarindustrie daran groß war. Immerhin geht es um wichtige Weichenstellungen auf einem überaus lukrativen Markt. Ganz im Sinn der Global Player sah die Verordnung teure Lizensierungsverfahren für jede einzelne Sorte vor. Die ohnehin schon hohe Marktkonzentration wäre durch das Wegfallen vieler kleiner Betriebe, die sich das nicht leisten können, schlagartig noch größer geworden. Die Kritik der Arche Noah greift aber noch tiefer, denn auch jetzt schon hat Sortenzulassung strikte Voraussetzungen. Vermehrungsmaterial muss nach EU-Gesetzgebung drei Säulen entsprechen: Homogenität, Unterscheidbarkeit und Beständigkeit. Die ursprüngliche Saatgutverordnung hätte diese Regelung noch verschärft. Nicht nur die Weitergabe für die kommerzielle Nutzung von Saatgut, das nicht in dieses Schema passt, wäre verboten gewesen, sondern jegliche Weitergabe nicht zugelassenen Saatguts! Grund dafür ist der Sortenschutz, der das Äquivalent zum Patentschutz ist, wenn es um Saatgut geht. Der Unterschied besteht darin, dass beim Sortenschutz nicht das Verfahren geschützt ist, das zu einer bestimmten Züchtung führt, sondern die Züchtung selbst. Ohne diese technischen Kriterien wäre Sortenschutz daher kaum durchsetzbar. Von Pflanzen, die nicht „systemkompatibel“ sind, könnte schlicht nicht genau gesagt werden, wem sie gehören. Auch samenfeste Sorten sind schließlich Veränderungen unterworfen – und sollen das laut Arche Noah auch sein. Saatgut bliebe dann aber Allgemeingut und die großen Konzerne würden wohl weniger Umsatz machen. Statt auf Beschränkungen im Verkauf von Vermehrungsmaterial, wie es die EU-Saatgutverordnung vorsah, setzt die Arche Noah deshalb auf ein System von Zertifikaten. Anstelle behördlicher Vorab-Kontrollen und Beschränkungen im Verkauf von Vermehrungsmaterial setzt die Arche Noah auf Transparenz. Die Menschen sollen die Wahl haben. Vielleicht kann Vielfalt dann hinaus aus der Nische und zur echten Alternative werden.
Derzeit liegt die EU-Saatgutverordnung auf Eis, ist aber nicht vom Tisch. Das EU-Parlament hat sie dank einer Initiative von Arche Noah und Global 2000 vorerst abgelehnt. Ihre Kampagne „Freie Vielfalt“ hatte in kürzester Zeit – auch dank der Hilfe prominenter Unterstützer wie Erich Stekovics – 500 000 Stimmen in Österreich gesammelt. Sie schwappte nach Deutschland und in andere Länder über, bis der Druck auf die Politik schließlich zu groß wurde. Doch die Verhandlungen gehen weiter und die Agrarlobby ist einflussreich. Der europäische Ministerrat hat nun einige Punkte zur Überarbeitung an die Kommission zurückgeschickt. Für die Mitarbeiter der Arche Noah bedeutet das auch in Zukunft noch viel Arbeit.
Lobbying und Politik sind erst in den letzten Jahren zu einer großen Aufgabe der Arche Noah geworden. Im Vordergrund stehen nach wie vor das Bewahren und lebendig Erhalten alter, vom Verschwinden bedrohter Sorten. Am Hauptsitz der Arche Noah in Schiltern gibt es mittlerweile ein Archiv mit mehr als 6000 verschiedenen Gemüse- und Obstsorten. In einem wunderschönen, barocken Schaugarten kann man viele dieser seltenen Pflanzen bewundern. Damit die Pflanzen lebendig bleiben und sich weiterentwickeln, unterstützt die Arche Noah zusätzlich Kleingärtner, bietet Seminare an, vermittelt Wissen und versucht, das Saatgut wieder auf die Felder und in die Gärten der Menschen zu bringen. Wirtschaftlich nutzbare Pflanzen werden in sogenannten Vielfaltbetrieben, wie jenem von Erich Stekovics oder der Gärtnerei Ochsenherz, weiter vermehrt und lebendig gehalten.

Stekovics Infos

Auf dem Hof von Erich Stekovics gibt es zusätzlich zu den Führungen auf seinen Feldern eingelegte süße, saure und scharfe Spezialitäten. Im Mai können Gärtnerinnen und Gärtner neben wertvollen Tipps zur Aufzucht der traditionsreichen Pflanzen auch Bio-Jungpflanzen erhalten. Von Anfang Juli bis Ende September sind außerdem frische Bio-Tomatenkörbe, Weingartenknoblauch, Chili und diverse andere Spezialitäten erhältlich. Da die „Genuss-Stunden“, Führungen samt Paradeiser-Verkostung, oft Monate im Voraus ausgebucht sind, sollte man reservieren!

Schäferhof 13, 7132 Frauenkirchen
Telefon: +43 (0) 676 966 07 05
office@stekovics.at
www.stekovics.at

Arche Noah Infos

Der barocke Schaugarten der Arche Noah liegt in Schiltern, wo man je nach Saison von circa 10 bis 16 Uhr Führungen machen kann. Man erhält dort neben Information über die politische Arbeit auch eine Vielzahl an Jungpflanzen samt Ratschlägen zur Aufzucht für den eigenen Garten. Wer Genaueres über die Arche Noah wissen oder Mitglied werden will, kann sich auf der Homepage des Vereins genaue Informationen zu sämtlichen Aktivitäten holen.

Obere Straße 40, 3553 Schiltern
Telefon: +43 (0) 2734 8626
info@arche-noah.at
www.arche-noah.at

Pan con tomate

für 4 Personen

ZUBEREITUNG

1.
Das Olivenöl langsam in einer Pfanne erhitzen und die Knoblauchknolle mit der Schnittfläche nach unten 5 Minuten lang bei milder Hitze anbraten. Den Rosmarinzweig einlegen und weitere 2–3 Minuten braten. Knoblauch und Rosmarin sollen das Öl parfümieren, ohne es bitter zu machen.
2.
Knoblauch und Rosmarin aus der Pfanne heben und die Brotscheiben im aromatisierten Olivenöl anrösten.
3.
Die Tomaten halbieren und so auf die heißen Brotscheiben reiben und quetschen, dass sich möglichst viel Saft und Kerne auf die Brote verteilen.
4.
Mit Salz und Pfeffer bestreuen und warm genießen.

ZUTATEN

4 bis 8 frische Scheiben Brot nach Wahl
1 halbierte Knoblauchknolle
1 Zweig Rosmarin
Auswahl reifer, halbierter Tomaten
1–2 EL gutes Olivenöl
1 Prise Meersalz
frisch gemahlener Pfeffer

„Pan con tomate" ist ein sehr einfaches Rezept, das sich wunderbar für heiße Sommertage eignet. Die Qualität von Tomaten und Olivenöl ist ausschlaggebend für den guten Geschmack. Wir haben uns direkt auf den Feldern von Erich Stekovics bedient, wo beinahe jeder Strauch eine andere Tomatensorte trägt. Pan con tomate wird dadurch ein sehr buntes und aromatisches Gericht, denn jede Tomatensorte hat ihren eigenen Geschmack.
Bekannt ist Pan con tomate aus der katalanischen Küche, also im spanischen Katalonien, auf den Balearen und in Aragon. In Katalan wird das Gericht „Pa amb tomàquet" genannt und ist beinahe so etwas wie ein Nationalgericht. In der traditionellen Variante wird allerdings immer eine ganz bestimmte Tomatensorte, die „Tomàtiga de Ramellet", verwendet. Sie hat einen sehr intensiven, vielleicht etwas säuerlichen Geschmack.
In Spanien kennt man auch einige Varianten dieses einfachen, aber wunderbaren Rezepts, zum Beispiel das „Pa amb oli", das auf Mallorca gern gegessen wird. Es wird wie das Pan con tomate in Olivenöl geschwenkt und soll sich damit richtig ansaugen. Danach garniert man mit ganz unterschiedlichen Zutaten, zum Beispiel mit Serranoschinken, der balearischen Wurstspezialität Camaiot oder mit verschiedenen Käsesorten.

Bachforelle mit Johannisparadeisern in Essig

für 4 Personen

ZUBEREITUNG

1.
Falls nötig, die Fischfilets sorgfältig entgräten.
2.
Die Süßkartoffeln schälen und in leicht gesalzenem Wasser weich kochen. Anschließend fein pürieren und mit Salzflocken, Koriander und weißem Pfeffer würzen.
3.
Johannisparadeiser mit einer Gabel aus dem Glas fischen und mit Olivenöl und 3–4 EL Tomatenessig aus dem Glas in einer tiefen Pfanne auf etwa 60–70 °C erwärmen.
4.
Die Fischfilets in der Pfanne 20 Minuten braten.
5.
Das Gericht warm anrichten und mit Kräutern und Kräuterblüten bestreut servieren.

ZUTATEN

Fisch:

4 Bachforellen- oder
Saiblingsfilets á 120 g
50 ml Olivenöl

Süßkartoffelpüree:

600 g Süßkartoffeln
Salz zum Kochen
Meersalzflocken
gestoßene Koriandersamen
weißer Pfeffer

Paradeiser:

fertige, sauer eingelegte Johannisparadeiser
vom Stekovics
Kräuter und Blüten zum Garnieren

Im Hofladen von Erich Stekovics gibt es nur zu bestimmten Jahreszeiten frische Früchte. Der größte Teil seines Sortiments besteht aus eingekochten und eingelegten Früchten, zum Beispiel den für dieses Rezept verwendeten Johannisparadeisern in Essig. Diese Johannisparadeiser haben einen nussig-süßen Geschmack. Stekovics' Essig – aus Trockenbeerenauslese gemacht – ist sehr mild und passt ausgezeichnet zu den kleinen Früchten.

Ernte und Verarbeitung dieser Mini-Paradeiser ist aufwendig. Sie müssen vorsichtig einzeln von der Rispe gedreht werden, damit sie nicht einreißen. Höchstens sechs Kilo Früchte können an einem Tag pro Person glasfertig gemacht werden. Stekovics empfiehlt sie als Beilage zu Jausen und kalten Gerichten oder als Einlage für eine Paradeisersuppe. Wir finden, dass sie auch sehr gut zu gebratenem Fisch passen.

Kräuterpalatschinken mit Paradeiser-Chutney

für 4–6 Personen

ZUBEREITUNG

1.
Mehl mit Milch glatt rühren. Den Sauerrahm mit den Kräutern pürieren und mit Salz, Eiern und zerlassener Butter unter Mehl und Milch schlagen. Den Palatschinkenteig 15 Minuten rasten lassen.
2.
In einer beschichteten Pfanne den Teig in etwas geschmolzener Butter portionsweise zu dünnen Palatschinken backen.
3.
Paradeiser-Chutney leicht erwärmen und mit den Palatschinken anrichten.
Mit gezupften Kräutern bestreuen.

ZUTATEN

Palatschinken:

125 g glattes Mehl
200 ml Milch
50 g Sauerrahm
1 Prise Salz
3 Eier
30 g zerlassene Butter
2 EL gehackte frische Kräuter (zum Beispiel Petersilie, Kerbel, Zitronenmelisse, Koriander)

Chutney:

fertiges Paradeiser-Chutney vom Stekovics

außerdem:

Butter zum Braten
Kräuter zum Garnieren

Mit seinem Paradeiser-Chutney ist es Erich Stekovics gelungen, den Geschmack der reifen Früchte vom Feld direkt ins Glas zu bringen. Es besteht aus einer Auswahl unterschiedlicher Früchte seines riesigen Paradeisersortiments, die in einem Kupferkessel bei starker Hitze zehn Stunden eingekocht und mit indischen Gewürzen fein abgeschmeckt werden. Danach wird die Masse passiert und händisch abgefüllt. Stekovics empfiehlt das Chutney zu Käse und gegrilltem Fleisch, als Sauce zu Nudeln oder als Füllung für fleischlose Lasagne.
Welche Kräuter man für die grünen Palatschinken verwendet, ist Geschmackssache.

Pasta rossa

für 4 Personen

ZUTATEN

150 g rote Zwiebeln
2–3 Knoblauchzehen
2–3 verschiedene Chilis
4 EL Olivenöl
1/2 TL Rohrzucker
1 kg sonnengereifte Fleischtomaten
1 Msp. abgeriebene Zitronenschale
Salz
400 g Penne rigate
1 EL gehackte Kräuter nach Wunsch
Parmesan zum Bestreuen

ZUBEREITUNG

1.
Zwiebeln, Knoblauch und Chilis fein hacken und in Olivenöl und Rohrzucker in einem Topf zugedeckt weich schmoren.

2.
Die Fleischtomaten einschneiden, kurz in kochendes Wasser tauchen und kalt abschrecken. Die Haut abziehen und die Tomaten klein schneiden.

3.
Die Tomaten in den Topf geben und alles zu einer cremigen Sauce verkochen. Mit Zitronenschale und Salz abschmecken.

4.
Die Penne in reichlich Salzwasser kochen, abgießen und kurz ausdampfen lassen. Die Pasta mit Tomatensauce und Kräutern vermischen und mit gehobeltem Parmesan bestreuen.

Fleischtomaten haben aufgrund ihrer Größe sehr viel Fruchtfleisch. Viele Menschen schätzen sie deshalb in Salaten. Ich persönlich verwende sie auch gern zur Herstellung von Saucen und Sugos. In diesem Rezept machen wir ein ganz einfaches Tomatensugo, das Sie auch zu anderen Gerichten reichen können, zum Beispiel zu Gnocchi oder Fleischlaibchen. Es gibt übrigens sehr viele unterschiedliche Sorten Fleischtomaten, bei denen eine einzelne Frucht durchaus ein Kilogramm oder mehr auf die Waage bringen kann. Sie variieren nicht nur in Größe, Gewicht und Farbe. Genau wie jede andere Tomatensorte unterscheiden sie sich auch in Geschmack und Konsistenz. Aufgrund ihres festen und sehr guten Fruchtfleisches sind Sorten wie Oc hsenherz oder Big Rainbow für dieses Rezept besonders geeignet.

Couscous-Salat in der Tomate

für 4 Personen

ZUBEREITUNG

1.
Von den Tomaten den Deckel abschneiden. Die Tomaten aushöhlen, das Kerngehäuse kurz pürieren.
2.
Jungzwiebel, Chilis und Knoblauch fein hacken und in einem Topf in 3 EL Olivenöl anschwitzen.
3.
Den Zwiebel-Chili-Mix salzen, Couscous hinzufügen und kurz anrösten. Mit Apfelsaft ablöschen und mit Wasser aufgießen. Den Topf vom Herd ziehen und zudecken. Den Couscous 10 Minuten quellen lassen.
4.
Den Couscous mit einer Gabel auflockern, Tomatenpüree, das restliche Olivenöl, Minze und Zitronensaft untermengen, abschmecken und alles in die Fleischtomaten füllen.

ZUTATEN

4 große, reife Fleischtomaten
1 Jungzwiebel
gelbe und rote Chilis nach Laune
1 Knoblauchzehe
6 EL Olivenöl
Salz
1 Tasse Couscous
1 Schuss Apfelsaft
1 Tasse Wasser
2–3 Minzblättchen, fein gehackt
Saft einer Zitrone

Couscous-Salat isst man am besten direkt aus der Tomate. Wir haben das auf den windigen Feldern von Erich Stekovics genau so gemacht. Im Bild sehen Sie Sarah Langoth, die mir bei diesem Bild und jenem vom Pan con tomate assistiert hat.

IV. Der Vetterhof

Die Familie Vetter betreibt seit 300 Jahren kleinteilige Landwirtschaft im Vorarlberger Rheintal. Hubert und Annemarie Vetter haben den Hof auf biologischen Landbau umgestellt. Ihr Sohn Simon setzt mit innovativen Ideen fort, was seine Eltern und Großeltern begonnen haben. Mittlerweile werden je nach Saison bis zu 700 Gemüsekisten in große Teile Vorarlbergs geliefert – mit Elektroauto und Lastenfahrrad.

VETTERHOF
LADEN

Das Rheintal

Das weitläufige Vorarlberger Rheintal wird im Osten von den malerischen Bergen des Bregenzerwaldes und im Westen zur Schweiz hin vom Rhein begrenzt. Egal wohin man blickt, die das Tal umgebenden Berge sind stets Teil des Landschaftsbildes. Wie sehr Landschaft und Landwirtschaft miteinander verknüpft sind, wurde mir im Gespräch mit Simon Vetter bewusst. Er zeigte mir, dass jede Landwirtschaft ihre eigenen Voraussetzungen hat – der Ort, an dem sie sich befindet, ist vielleicht eine der wichtigsten davon. Der Vetterhof liegt genau zwischen Lustenau und Dornbirn, also gewissermaßen im Zentrum des Vorarlberger Rheintals.
Trotz seiner Weitläufigkeit ist das Rheintal kleiner, als es den Anschein hat. Die Grenzen zur Schweiz und zu Liechtenstein, aber auch die zahlreichen ausufernden Siedlungen und Städte rund um den Rhein schränken die Fläche für landwirtschaftliche Nutzung empfindlich ein. Fährt man von Lustenau nach Bregenz, bekommt man den Eindruck, es handle sich um eine riesige, lang gezogene Vorstadt. Die alten Dorfkerne und ihre Infrastruktur verschwinden genauso wie Wiesen und Felder. Den Bauernhof seiner Familie bezeichnet Simon deshalb gerne als „Stadtlandwirtschaft". Simon erzählte mir, dass nirgendwo so verschwenderisch mit Land umgegangen werde wie hier im Rheintal. Dieses gehört zu den am dichtesten besiedelten Gebieten in ganz Europa! Die starke „Verhüttelung" der Gegend hat ihre Auswirkungen. Der Betrieb auf dem alten Bauernhof der Vetters, der mitten in Lustenau gelegen war, wurde dadurch zunehmend schwieriger. Irgendwann war klar: Entweder würde man die Landwirtschaft aufgeben oder sich einen anderen Standort für einen neuen Bauernhof suchen müssen. Man entschied sich für Letzteres. Auf dem neuen Bauernhof am heutigen Standort produziert Simon mit den beiden Seniorchefs Annemarie und Hubert Vetter heute Gemüse, welches in Gemüsekisten in das nördliche Rheintal, das Leiblachtal und den Bregenzerwald ausgeliefert wird.
Doch der Reihe nach: Die Familie zählt zu den Pionieren der Biobewegung Westösterreichs und ist eng verwoben mit der Geschichte des Tales. Im 19. Jahrhundert waren viele Vorarlberger und wohl auch Simons Vorfahren Halbnomaden. Da ein Großteil der Einwohner von der Viehwirtschaft lebte, wanderte man mit der Vegetation. Den Winter verbrachte man im Tal, im Herbst ging es die Berghänge hinauf, bis man den Sommer mit den Tieren schließlich auf der Alpe verbrachte, wie man in Vorarlberg zur Alm sagt. Diese „Dreistufenwirtschaft" hat das Tal geprägt und wurde im angrenzenden Bregenzerwald sogar zum immateriellen UNESCO Weltkulturerbe erklärt. Im Rheintal ist sie heute nur noch rudimentär vorhanden – etwa wenn Vieh im Sommer auf die Almen getrieben wird. Auch auf dem Vetterhof wurden seit jeher Tiere gehalten. Schon Simons Großvater, Alfons Vetter, lebte von der Milchwirtschaft und noch heute verbringen die verbliebenen Rinder ihren Sommer in Höhenlagen.
Simons Großvater stellte schon sehr früh zumindest zum Teil auf biologischen Landbau um, was eigentlich der Großtante zu verdanken ist. Angeblich bekam diese Ausschlag von den eigenen – gespritzten – Erdbeeren. Ein Umdenken setzte ein, denn ein Bauer, der seine eigenen Produkte nicht isst, wollte der Großvater nicht sein. Er begann, auf chemische Unkrautvernichtungsmittel zu verzichten und tatsächlich, der Ausschlag verschwand. Simons Eltern Hubert und Annemarie Vetter stellten den Betrieb schließlich ganz auf Bio um – also die gesamte Viehwirtschaft, sämtliches Futter etc. Aus diesem Grund begannen sie auch, ihre Produkte direkt zu vermarkten. Bio bei Milch, das gab es im Handel in dieser Zeit nicht. Man musste also zunächst Wege finden, Bio-Milch zu vertreiben. Die Landwirtschaftskammer war ganz und gar nicht begeistert. Das ging so weit, dass anfangs sogar gegen das direkte Vermarkten von Milch ab Hof interveniert wurde. Es mag an der mangelnden Unterstützung vonseiten der österreichischen Behörden gelegen haben, vielleicht auch am Mangel an Alternativen, aber Bio-Landwirtschaft orientierte sich in Vorarlberg in der Anfangszeit vor allem an der Schweiz. Auch heute gibt es noch guten Kontakt und regen Austausch über die Grenze hinweg. Die Notwendigkeit, neue Vertriebswege zu erschließen, machte erfinderisch. Direktverkauf, Catering und sogar Seminare wurden auf dem Bauernhof abgehalten – stets mit eigenen Produkten. Schon Simons Großvater war offen für neue Ideen. Er begann, Gemüsesorten anzubauen, die bei der einheimischen Bevölkerung weniger Absatz fanden, dafür aber bei Zuwanderern beliebt waren, zum Beispiel Grünkohl, den vor allem Holländer und Norddeutsche gerne kauften. Der Erfindungsreichtum und die Offenheit gegenüber unterschiedlichen Kulturen sind der Familie Vetter bis heute geblieben. Sie betreffen auch das Veredeln der eigenen Produkte, das am Hof Tradition hat. Käse gibt es heute zwar keinen mehr, dafür aber viele andere Delikatessen. Probieren Sie unbedingt Simons großartiges Grünkohlpesto, wenn Sie den Hof besuchen!
Der heutige Vetterhof hat mit dem alten Gebäude, das nach wie vor im Zentrum von Lustenau steht, nicht mehr viel gemeinsam. Als in den späten Neunzigerjahren der neue Hof gebaut wurde, ließen Hubert und Annemarie das neue Gebäude vom renommierten Architekten Roland Gnaiger planen. Zwischen Lustenau und Dornbirn, in der Nähe der Anbauflächen der Familie, entstand ein Stück moderne Architektur, das sich von Beginn an nach den Bedürfnissen einer nicht konventionellen Landwirtschaft richtete. Bei meinem Besuch dort konnte ich eine Woche lang miterleben, wie stark sich die Architektur auf Zusammenarbeit und Leben auf dem Bauernhof auswirkt. Die Mauern des neuen Gebäudes sind aus Lehm und wurden mit unbehandelten Holzpaneelen verkleidet. Das Klima im Inneren des Gebäudes ist deshalb stets

angenehm. Da die Familie früher auch Seminare veranstaltete und zahlreiche Erntehelfer den Sommer über dort leben, gibt es eine große Gemeinschaftsküche und mehrere Gemeinschaftsräume. In der Zeit, die ich bei Simon verbrachte, waren wir insgesamt gut 20 Personen auf dem Hof. Dank der Art und Weise, wie er gestaltet ist, fiel die große Zahl der Bewohnerinnen und Bewohnern nie unangenehm auf. Es gibt zahlreiche Rückzugsmöglichkeiten und dennoch wirkt alles offen und lebendig. Ich fühlte mich auf Anhieb wohl.

Die Offenheit, die dank der Familie Vetter herrscht und von der Architektur auf angenehme Weise unterstützt wird, zeigte sich mir vor allem in der überaus bunten Zusammensetzung aus Sommergästen und Mitarbeitern. Da war das Berliner Paar Steven und Lotte, die Simon bei einem Catering am Wochenende halfen und gemeinsam mit dem Jungbauern vegetarische Burger für ein nahes Festival kreierten. Yusuf, ein Koch aus Marrakesch, verbringt mittlerweile beinahe jeden Sommer arbeitend auf den Feldern der Vetters, genau wie Umut, ein Veterinärstudent aus der Türkei. Habib schließlich ist Asylwerber aus Kabul. Er darf aufgrund unserer strengen Einwanderungsgesetze zwar nicht das ganze Jahr, aber zumindest zeitweise auf dem Hof mitarbeiten, wofür er viel Gespür und Talent beweist. Dazu kommen noch Praktikanten, Freunde aus der Nachbarschaft oder sogenannte „WWOOFerinnen“ wie Nabait und Pauline aus Frankreich, die in ihren Ferien für Kost und Logis arbeiteten. WWOOFen oder „We are Welcome on Organic Farms“ ist ein weltweites Netzwerk von Biobauernhöfen, die nach Helfern suchen. Neben der Arbeit soll dabei auch Zeit sein, das Land und die Landwirtschaft kennenzulernen. Auch der Vetterhof ist Teil dieses Netzwerks. Als wäre das nicht genug, gibt es ständig Tages- oder Abendgäste. Trotz des bunten Mosaiks an Gästen, Mitarbeitern und Freunden wirkt der Hof niemals überfüllt oder laut. So bunt wie die Menschen hier, findet Simon, sollte auch Landwirtschaft sein.

Landwirtschaft als Mosaik

Simon Vetter wollte, nachdem er Umwelt- und Bioressourcenmanagement studiert hatte, eigentlich in die Entwicklungshilfe gehen. Nach einem längeren Aufenthalt in Sierra Leone in Westafrika empfand er es aber als vermessen, Afrikanern erklären zu wollen, wie man landwirtschaftet, ohne selbst je als Bauer gearbeitet zu haben. In Österreich auf dem elterlichen Hof ist er erst seit einigen Jahren. Er sagt, er wachse gerade in den Hof hinein, habe aber doch schon viel verändert. Simons Bedingung war nämlich, dass man die Milchwirtschaft einstellt und stattdessen ganz auf Feldgemüse umsteigt. Das heißt nicht, dass es heute keine Tiere mehr auf dem Hof gibt. Schweine und Rinder werden schon allein deshalb gehalten, weil sie den natürlichen Kreislauf schließen. Heu oder Gemüse, das man nicht vermarkten kann, bekommen die Tiere. Diese wiederum geben wertvollen natürlichen Dünger. Es gibt deshalb selten im

Jahr auch Fleisch zu kaufen. Den Hauptteil der Arbeit machen heute aber Feldarbeit und die Gemüsekisten, von denen man im Sommer bis zu 600 pro Woche in das ganze Rheintal ausliefert.
Simon ergänzt das elterliche Wissen durch viele neue Ideen, die oft dort ansetzen, wo für viele die Landwirtschaft eigentlich schon aufhört. Zum Beispiel beim Ausliefern. Dank eines Freundes wird ein kleiner Teil des Gemüses heute mit dem Lastenfahrrad ausgeliefert. Da man auch auf längeren Strecken möglichst ökologisch sein wollte, wurde ein Elektroauto angeschafft, was ohne teure Bankkredite unmöglich schien. Also ersann Simon ein Finanzierungsmodell, das er „Krautfunding“ nannte. Er bat ganz einfach seine Abnehmer um Hilfe bei der Finanzierung des Fahrzeuges. Wer eine Gemüsekiste im Jahresabonnement per Vorauszahlung bestellte, konnte direkt dazu beitragen. Da genug Kunden mitmachten, konnte das Elektroauto schließlich tatsächlich gekauft werden. Kundennähe ist Simon überhaupt ein großes Anliegen, deshalb wird auch altes Brauchtum auf dem Hof gepflegt und es werden gemeinsame Feste gefeiert. Wo alte Traditionen nicht mehr ins Konzept passen, wird einfach umgedeutet. Statt einer Hexe (weil frauenfeindlich) verbrannte man im letzten Jahr ein Wintergemüse zur Winteraustreibung oder, wie man in Vorarlberg sagt, zum Funkensonntag. Manche Veranstaltungen werden mittlerweile sogar zu ganz neuen Traditionen, zum Beispiel das aus den USA importierte „Weed Dating“, bei dem sich Erntehelferinnen und Erntehelfer beim gemeinsamen Unkrautzupfen näherkommen können. Zugegeben, obwohl die Aktion regen Zuspruch fand, den wenigsten Besuchern ging es in Wirklichkeit ums Flirten.
Zu einem reinen Eventbauernhof will man am Vetterhof freilich nicht verkommen. Der Kontakt zu den Kunden ist Simon aber wichtig. Hundert Menschen, die in den Stall hineinschauen, sind die beste Kontrolle. Obwohl kaum damit geworben wird, ist der Vetterhof selbstverständlich bio-zertifiziert. Manche Kontrollen mögen übertrieben oder gar verfehlt sein. Zum Beispiel wurde der Hof einmal gerügt, weil die Bio-Kennzeichen auf den Gläsern einige Millimeter zu klein waren. Dennoch hält Simon Bio und auch Kontrollen für wichtig. Für Simon ist Bio ein politisches Statement. Bio, das ist Agrarpolitik.
Simons Haltung zur Landwirtschaft wurde vielleicht auch durch seine Arbeit in Afrika beeinflusst. Weltweit, so meint er, gibt es zwei grundsätzliche Anschauungen. Eine versucht, Unterschiede zu nivellieren. Durch Dünger, Futter, Spritzmittel und homogenes Saatgut soll möglichst überall auf der Welt alles gleich funktionieren, egal ob in Afrika oder Vorarlberg. Doch die Voraussetzungen sind nicht überall auf der Welt gleich. In Vorarlberg etwa hat man im Jahr beinahe vier Mal so viel Niederschlag wie im Burgenland. Tomaten, so wie sie Erich Stekovics hält, würde man im Rheintal kaum durchbringen. Für Simon ist klar: Landwirtschaft muss widerstandsfähig bleiben, auch wenn sich die klimatischen

und wirtschaftlichen Rahmenbedingungen ändern. Je bunter, vielfältiger und regionaler sie ist, desto eher kann das gelingen. Architektur ist wie eine Wunde in der Landschaft, stellte Simon einmal bei einer gemeinsamen Fahrt im Traktor frei nach Raimund Abraham fest. Ein Bauwerk müsse sich durch Qualität erst rechtfertigen. Genau dasselbe ist in der Landwirtschaft der Fall. Hohe Qualität und regionale Vielfalt: Simon Vetter sieht Landwirtschaft als Mosaik.

Vetterhof Infos

Der Vetterhof erzeugt und vertreibt im Rheintal Bio-Gemüse. Angebaut wird so ziemlich alles, was in unseren Breiten wächst, unter anderem 40 verschiedene Tomatensorten. In Dornbirn hat die Familie Vetter außerdem einen Stand auf dem Wochenmarkt. Im Hofladen kann man auch Spezialitäten wie selbst gemachten Wodka und – vornehmlich im Herbst – auch Fleischpakete kaufen. Rinder verbringen zwei Sommer auf der Alm, bevor sie geschlachtet werden. Auch Schweine leben auf dem Vetterhof und werden zu Frischfleisch und Würsten verarbeitet, die dann ebenfalls, solange der Vorrat reicht, verkauft werden.

Alberried 14, 6890 Lustenau
Telefon: +43 (0) 5577 85030
info@vetterhof.at
www.vetterhof.at

Gurkensalat mit Dill

für 4 Personen

ZUTATEN

1 mittelgroße Salatgurke
2 Jungzwiebeln
3 EL Apfelessig
1 EL süßer Apfelsaft
1 EL Zitronensaft
Salz, Pfeffer
5 EL Graumohnöl
2 EL Sauerrahm
1 Handvoll Dillzweige und Dillblüten
Borretschblüten zum Garnieren

ZUBEREITUNG

1.
Die Gurke waschen und in ungleiche Scheiben schneiden. Die Zwiebeln schälen und in Ringe schneiden.
2.
Für die Marinade Apfelessig, Apfel- und Zitronensaft mit Salz und Pfeffer so lange versprudeln, bis sich das Salz aufgelöst hat. Mit Öl und Sauerrahm zu einer feinen Emulsion verrühren.
3.
Gurkenscheiben und Zwiebeln mit der Marinade, Dillzweigen und -blüten vermengen und mit Borretschblüten garnieren.

Am besten frisch und knackig servieren, bevor der Salat beginnt, Wasser zu ziehen.

Dieses Rezept ist ein schnell gemachter, dafür aber ausgezeichnet schmeckender Sommersalat. Dill und Gurke harmonieren ausgezeichnet miteinander. Für eine noch einfachere Variante nehmen Sie statt Sauerrahm etwas Rahm. Verquirlen Sie diese mit Salz, Pfeffer und einem Teelöffel Zitronensaft. Mengen Sie den geschnittenen Dill bei und vermischen Sie das Ganze mit den Gurkenscheiben – fertig.

Gazpacho

für 4 Personen

ZUTATEN

Suppe:

800 g gemischte reife Tomaten
1 kleine Salatgurke
2 Knoblauchzehen
1–2 frische Chilis
Saft einer Zitrone
Salz
brauner Zucker
125 ml Olivenöl
1 kleine Handvoll roter Basilikum
1 kleiner Bund Estragon

Einlage:

1 grüne Paprika
8 kleine Kirschtomaten
roter Basilikum und Estragon zum Garnieren
Sesam oder Hanfsamen zum Bestreuen

ZUBEREITUNG

1.
Die Tomaten kurz in kochendes Wasser tauchen, kalt abschrecken und die Haut abziehen. Die Tomaten vierteln und das Kerngehäuse wegschneiden. Kerne und Saft auffangen und so durch ein grobes Sieb passieren, dass die Kerne im Sieb hängen bleiben und das innere Fruchtfleisch als Mus weiter verwendet werden kann. Das Tomatenfleisch grob schneiden und 4 EL als Einlage beiseitegeben.

2.
Salatgurke schälen, längs halbieren und das Kerngehäuse auskratzen. Die Gurke in Stücke schneiden. Knoblauch schälen und mit den Chilis in feine Scheibchen schneiden.

3.
Alle vorbereiteten Zutaten mit Zitronensaft, Salz, braunem Zucker, der Hälfte des Olivenöls und den Kräutern möglichst fein pürieren.

4.
Die grüne Paprika vierteln, entkernen und in Streifen schneiden. Die Kirschtomaten halbieren.

5.
Tomatenfruchtfleisch, Paprikastreifen, Kirschtomaten und Kräuter dekorativ in die Mitte der Suppenteller platzieren. Mit der Gazpacho umgießen, mit dem restlichen Olivenöl beträufeln und mit Sesam oder Hanfsamen bestreuen.

Die spanische Gazpacho-Suppe wird kalt gegessen und ist deshalb eine ideale Mahlzeit für heiße Sommertage. In der traditionellen „Gazpacho Andaluz" sind zusätzlich Paprika und Weißbrot enthalten, die gemeinsam mit der Suppe püriert werden. Die Suppeneinlage einer Gazpacho variiert in Spanien genauso wie die Konsistenz der Suppe, die manchmal sehr sämig, ein andermal eher flüssig sein kann. In manchen Gazpachos dominiert die Gurke, in anderen, wie in diesem Rezept, sind Tomaten die Hauptzutat. Je nachdem, was man gerade zu Hause hat, schmeckt sie also immer ein klein wenig anders. Gut zur Gazpacho ist frisches Weißbrot. Als zusätzliche Einlage kann man auch kurz in Olivenöl geröstete Weißbrotwürfelchen verwenden.

Blütensalat

für 4 Personen

ZUTATEN

verschiedene Blattsalate
für eine große Schüssel
(Häuptelsalat, Eichblatt, Romana, Lollo verde, Batavia)

1 Handvoll gezupfte essbare Blüten
(Stiefmütterchen, Borretsch, Gänseblümchen, Goldnessel, Ringelblumen, Goldmelisse, Gundermann, Johanniskraut, Brunnenkresse)

Dressing:

6 EL guten Kräuteressig
1 TL scharfen Senf
1 TL Honig
1 kleine Knoblauchzehe
Salz, Pfeffer
5 EL gutes Distelöl
3 EL Hanföl

ZUBEREITUNG

1.
Die gewaschenen Blattsalate zurechtzupfen und behutsam trocken schleudern. Die Salatblätter mit der Hälfte der Blüten locker vermischen.

2.
Essig, Senf, Honig und Knoblauch mit Salz und Pfeffer kräftig verrühren. Die Öle unter Rühren eintröpfeln, bis eine cremige Konsistenz erreicht ist.

3.
Die Salatblätter luftig marinieren und den Salat zuletzt mit den restlichen Blütenblättchen bestreuen.

Auch auf dem Vetterhof wachsen viele Pflanzen, deren Blüten essbar sind. Für diesen Salat haben wir uns direkt im Garten der Familie Vetter bedient und genommen, was wir gefunden haben. Ende Juli, Anfang August blühen viele Kräuter, aber auch essbare Beikräuter und Wiesenblumen. Neben den Folientunneln, in denen Tomaten und andere Gemüse angebaut werden, findet man am Vetterhof bunt blühende Kräuterstreifen. Diesem Salat verleihen die Kräuter und Blüten eine bunte, manchmal leicht scharfe Note, die schon aufgrund ihrer Vielfalt nur sehr schwer beschreibbar ist. Wer direkt im Hofladen einkauft, sollte unbedingt nachfragen, ob es auch frische Kräuter oder essbare Blüten gibt.

Palatschinkenrollen mit Melanzani

für 4 Personen

ZUBEREITUNG

1.
Für die Palatschinken Milch, Salz und Dinkelmehl glatt rühren und die Eier unterschlagen.
2.
In einer großen Pfanne in heißer Butter nach und nach 2–3 mm dünne Palatschinken ausbacken.
3.
Für das Pesto alle Zutaten pürieren und kalt stellen.
4.
Die Melanzani der Länge nach in 5 mm dicke Scheiben schneiden, mit Salz bestreuen und in 30–40 ml Olivenöl nicht zu heiß auf beiden Seiten so lange braten, bis sie gar sind.
5.
Die Palatschinken auf der Arbeitsfläche auflegen und mit dem Pesto bestreichen. Mit Melanzani bedecken und einrollen.
6.
Die Rollen möglichst fest in Frischhaltefolie wickeln und 30 Minuten rasten lassen.
7.
Das Backrohr auf 200 °C Ober-/Unterhitze vorheizen.
8.
Die Fleischtomate in dünne Scheiben schneiden. 30 ml Olivenöl in eine feuerfeste Pfanne oder Auflaufform gießen und die Tomatenscheiben einlegen.
9.
Die Palatschinkenrollen in 5–6 cm lange Stücke schneiden und mit der Schnittfläche nach oben auf die Tomatenscheiben setzen. Den Käse grob reiben, über das Gericht streuen und die Palatschinken 10 Minuten lang im Rohr überbacken.

ZUTATEN

Palatschinken:

150 ml Milch
Salz
120 g glattes Dinkelmehl
4 Eier
Butter zum Backen

Kräuterpesto:

1 Handvoll Basilikumblätter
1 Handvoll gemischte Kräuter (Petersilie, Minze, Salbei, Majoran)
1 kräftige Prise gestoßener bunter Pfeffer
Saft einer halben Zitrone
50 ml Olivenöl

außerdem:

2 mittelgroße Melanzani
mittelgrobes Meersalz
60 ml Olivenöl
1 große Fleischtomate
50 g kräftiger Bergkäse

Gefüllte Zucchini im Zwiebel-Knoblauch-Sud

für 4 Personen

ZUBEREITUNG

1.
Zwiebeln und Knoblauch ungeschält in Weißwein und Suppe zugedeckt 20 Minuten kochen.
2.
Von den Zucchini den Deckel abschneiden und mit einem Löffel das Kerngehäuse entfernen. Die Zucchini in den Zwiebel-Knoblauch-Sud setzen und zugedeckt weitere 20–25 Minuten garen.
3.
Die Pasta in Salzwasser „al dente" kochen und kalt abschrecken.
4.
Die kleine, noch rohe Zucchini und Radieschen in 1 cm große Stücke schneiden. Knoblauch durch eine Presse drücken und alles in Sonnenblumenöl bei schwacher Hitze 4–5 Minuten lang andünsten. Die Pasta hinzufügen, durchmischen und mit Essig, Salz und Pfeffer kräftig abschmecken. Schafkäse würfelig schneiden und unter die Pasta mengen.
5.
Die Zucchini mit Pastasalat füllen, Basilikumzweige in den Sud einlegen und 5 Minuten ziehen lassen.
6.
Zwiebel und Knoblauch aus der Schale drücken und mit den gefüllten Zucchini anrichten. Den heißen Sud angießen und frisch servieren.

ZUTATEN

Sud:

4 kleine Zwiebeln
1 Knolle junger Knoblauch
125 ml Weißwein
1/2 Liter klare Gemüsesuppe
4 Zweige Basilikum

Zucchini:

4 gelbe oder grüne Kugelzucchini
150 g Pasta
1 kleine Zucchini
4–6 Radieschen
2 Knoblauchzehen
4 EL Sonnenblumenöl
4 EL Apfelessig
Salz, Pfeffer
80 g Schafkäse

V. Getreide und Brot
Itzlingers Bäckerei

Der Biobauer Hans Gahleitner vermehrt und züchtet Saatgut im Mühlviertel. Manfred Eisl baut auf seinen Feldern im Flachgau eine alte, regionale Weizensorte an. Und der Salzburger Bäcker Jakob Itzlinger bäckt aus alten Getreidesorten Bio-Brot. Der Weg von Getreide zu Brot veranschaulicht, wie wichtig alte Sorten und althergebrachtes Handwerkswissen sind.

Getreide und Brot

An gutem Brot ist stets mehr als nur ein einziger Betrieb beteiligt. Das betrifft auch die Ware von Bäcker Jakob Itzlinger, der das Saatgut für sein Mehl nur von ausgewählten Landwirten bezieht. Hans Gahleitner züchtet Saatgut, Biobauer Manfred Eisl baut altes Getreide an und Jakob Itzlinger bäckt dara us Vollkornbrot. Zugegeben, eigentlich verkaufen die Eisls derzeit kein Getreide an die Salzburger Traditionsbäckerei Itzlinger. Ich hatte gehofft, ich könnte, indem ich Saatzucht, Anbau und Bäcker in einem porträtiere, den Weg vom Feld bis zur Bäckerei verfolgen. Seit die Eisls aber vor einigen Jahren den Aglassinger Markt gegründet haben und ihr eigenes Holzofenbrot backen, benötigen sie so viel davon, dass sie mittlerweile umgekehrt Brot vom Itzlinger weiterverkaufen. Auch der Mühlviertler Saatzüchter Hans Gahleitner zählt derzeit nicht zu den Lieferanten des Bäckers. Bei einem langen Gespräch an einem Samstagnachmittag in Jakob Itzlingers Backstube – das an diesem Morgen gebackene Brot gab es schon längst auf den Salzburger Märkten – erklärte mir der Bäcker, weshalb zwischen den drei Betrieben trotzdem eine Verbindung besteht. In den Bildern unten sehen Sie von links nach rechts den Saatzüchter Hans Gahleitner, den Bauern Manfred Eisl und den Bäcker Jakob Itzlinger.

Von Hans Gahleitner, erzählte Bäckermeister Itzlinger, hat er viel über Saatgut, über Roggen und vor allem Dinkel gelernt. Gahleitner war einer der Ersten, die in Österreich begonnen haben, biologisches Saatgut zu erzeugen. Da es in den Achtzigerjahren nur Getreide gab, das auf Ertrag und Düngemittelverträglichkeit hin gezüchtet wurde, war das gar nicht so einfach. Hilfe fand er bei Bauern aus der ehemaligen DDR. Die Gutshöfe dort waren stets klein geblieben und hatten die eigene Zucht nie aus der Hand gegeben. Die Ziele und Methoden dieser kleinen Betriebe waren vollkommen anders als jene der großen österreichischen Saatzuchtfirmen. Diesen lag oft mehr am Geschäft mit den Düngemitteln. Auf biologisches Saatgut umzustellen, das sich die wertvollen Nährstoffe aus dem Boden selbst aneignet, konnte man sich damals schlicht nicht vorstellen. Hans Gahleitner begann, nach Vorbild der deutschen Bauern auf Wurzelmassebildung, Gesundheit der Pflanze und auch auf das Aroma hin zu züchten. Das „Nährstoffaneignungsvermögen" seines Saatguts ist heute wesentlich größer als jenes der, wie er sagt, verkümmerten konventionellen Pflanzen.

Dazu kommt, dass sie aufgrund des Augenmerks auf ihr Aroma wesentlich besser schmecken. Es ist vor allem den kleinen Biobetrieben und der durch sie steigenden Nachfrage zu verdanken, dass heute auch Saatzuchtfirmen ein immer größer werdendes Biosortiment haben. Die Saatbau Linz etwa macht mittlerweile etwa 25 Prozent ihres Umsatzes mit Biosaatgut und zählt damit zu den Marktführern in Mitteleuropa. Wenn man bedenkt, dass Bio-Produkte in unseren Supermärkten gerade einmal etwa 5 Prozent Marktanteil haben, so wird deutlich, dass „Bio" und nachhaltige Produktion in Österreich ihre Ursprünge weniger in der Nachfrage der Konsumenten haben, sondern eher von den vielen Bäuerinnen und Bauern ausging, die entschieden haben, auf eine andere Weise produzieren zu wollen. In Deutschland, so erzählte mir Hans Gahleitner, sei das genau umgekehrt. In

frühen Jahren habe man ihn deshalb für seine alternativen Ideen in Österreich noch ausgelacht. Heute gilt er mit seiner Firma Biosaat als richtungsweisend, verkauft aber nach wie vor hauptsächlich nach Deutschland. Hans Gahleitners Biosaat ist ein reiner Zuchtbetrieb. Er entwickelt und pflegt die Getreidesorten, die schließlich an Saatgutfirmen verkauft werden. In diesen Saatgutfirmen wird das Getreide meistens drei bis vier Saisonen lang vermehrt und an die Bauern weiterverkauft, die damit wirtschaften, sei es, um Futter für ihre Tiere zu erhalten oder um das Getreide für die Produktion von Mehl, Brot oder Bier zu verwenden.

Familie Eisl aus dem Salzburger Land lebt eigentlich von ihren Tieren und baut dementsprechend Futtergetreide an. Ihre Schweine und Rinder werden von einem ortsansässigen Metzger zu Würsten, Speck und Frischfleisch verarbeitet. Vor einigen Jahren haben sie mit befreundeten Nachbarbetrieben, die zusätzlich Gemüse, Käse und Milchprodukte liefern, den Aglassinger Markt gegründet. In einem alten Gebäude auf dem Bauernhof der Eisls wird neben den Produkten der Bauern auch zugekaufte Ware angeboten, zum Beispiel Kaffee oder das Gebäck von Jakob Itzlinger. Die Idee dahinter ist, dass jemand, der direkt vom Bauernhof kaufen will, dort alles bekommt, was er braucht, sodass er nicht noch anschließend in einen Supermarkt fahren muss. Zusätzlich zu den Tieren und dem Marktbetrieb baut Manfred Eisl auch Roggen und eine alte, im Salzburgischen beheimatete fast ausgestorbene Weizensorte an: den Laufener Landweizen. Dass es diese alte Sorte überhaupt noch gibt, verdankt sich dem Engagement von Peter Sturm von der Bayerischen Akademie für Naturschutz und Landschaftspflege. Er baute den Laufener Weizen dessen Körner schon über 40 Jahre lang gelagert worden waren, im eigenen Garten an. Dank Manfred Eisl wird die alte Weizensorte jetzt wieder kultiviert. Der große Unterschied zu herkömmlichen Sorten ist, dass der Laufener Weizen, dort, wo er angebaut wird, auch heimisch ist. Er ist also bestens an Klima und Bodenbeschaffenheit angepasst. Da das Getreide mit bis zu zwei Metern ungewöhnlich hoch wächst, widersteht es außerdem vielen Schädlingen, denen die Ähren ganz einfach zu hoch liegen. Als ich mit Manfred Eisl zu seinen Feldern fuhr, war ich ziemlich erstaunt. Diese sehen im Sommer nämlich nicht wie Felder, sondern eher wie Blumenwiesen aus. Zwischen die Getreidepflanzen hat sich eine Unzahl an Blumen gemischt, die seine Felder wunderschön, aber auch weniger ertragreich machen. Am Anfang, meinte Eisl, habe er sich deswegen noch Sorgen gemacht. Das Konzept von Biolandwirtschaft mit angeschlossenem Markt ist allerdings voll aufgegangen. Und das Sauerteigbrot, das die Eisls aus ihrem Speisegetreide im eigenen Holzofen nach uralter Familientradition backen, ist sensationell.

Jakob Itzlinger ist der Kontakt zu Bauern wie Hans Gahleitner oder Manfred Eisl wichtig. Für ihn gehört die Beschäftigung mit dem Getreide zum Handwerk – zu einem Handwerk, das langsam verloren zu gehen droht. Fertige Teigrohlinge und Schnellbacköfen machen es vielen Bäckern heutzutage schwer. Für Itzlinger ist schon alleine deshalb klar, dass man sich als Bäcker auf althergebrachtes Handwerkswissen und qualitativ hochwertige Zutaten besinnen sollte. Das wird leider nur selten gemacht, denn oft wird mit enzymbehandelten Mehlen und industriell hergestellten Backmischungen

gearbeitet, die für stets gleiche Backqualität sorgen. Das Getreide tritt in den Hintergrund, was auch deshalb von Nachteil ist, weil Vollkornbrot aus gutem Getreide ausgesprochen gesund ist. Itzlinger ist davon überzeugt, dass es so viele Inhaltsstoffe enthält, dass man, selbst wenn man sich ausschließlich von seinem Brot ernähren würde, keine Mangelerscheinungen bekommen könnte. Ein Bäcker kann sehr viel machen, wenn er weiß, wie das Getreide beschaffen ist. Das geht aber nur, wenn er auch Kontakt zu seinen Bauern hat.

Itzlinger mahlt sein Mehl deshalb zum Großteil selbst im alten Mühlengebäude der Familie in der Nähe von Fuschl am See und kauft das Getreide frisch von den Bauern. Zeit, Wärme, Hefe und beste Zutaten sind die wesentlichen Faktoren im Umgang mit dem Teig. Bei kühler Verarbeitung entstehen mehr Essigsäure und ein fester Teig. Durch Wärme wird dieser weicher und es bildet sich mehr Milchsäure. In gutem Brot halten sich beide Faktoren die Waage. Gewürze und Salz runden den Geschmack ab. Im Roggenvollkornbrot von Itzlinger sind nur Kümmel und ein besonderes Quellsalz aus Portugal enthalten. Es gibt allerdings immer wieder auch Spezialbrote im Sortiment: Brot mit Koriander, mit verschiedenen Nüssen und vieles mehr. Egal worum es sich handelt, eine der wichtigsten Regeln des Bäckermeisters lautet: Man sollte alles selbst probieren!

Ein gutes Sauerteigbrot wie jenes von Jakob Itzlinger oder auch das traditionelle Brot der Familie Eisl zu probieren kann ich nur empfehlen. Es schmeckt ganz anders als die aufgebackenen Brote aus fertigen Teigrohlingen und bleibt auch wesentlich länger frisch. Das hat nicht nur kulinarische Vorteile. Itzlinger erklärte mir, dass ganz frische Brote schlecht verdaulich sind. Unsere Körper müssen für das Verdauen von gerade aufgebackenem Teig mehr Energie aufwenden, als sie durch die Kohlehydrate bekommen. Erst nach vier Tagen dreht sich das Verhältnis von Energieaufwand und Energiegewinn um. Qualitativ hochwertiges Brot kann deshalb ruhig einige Tage lang liegen. Das hat noch einen Vorteil, der Jakob Itzlinger sehr am Herzen liegt. „Salzburg“, sagt er halb im Scherz, „wirft so viel Brot weg, wie Fuschl verbraucht.“ Sein gutes und lang haltbares Sauerteigbrot wird man kaum je wegwerfen.

Gahleitner Infos

Nach der Gründung zahlreicher Verbände und Kooperativen hat Hans Gahleitner selbst begonnen zu züchten und 1984 die Firma Biosaat gegründet, die auch heute noch erfolgreich Saatzucht betreibt.

Eckersberg 4, 4122 Arnreit
Telefon: +43 (0) 7282 20758
info@ebnerhof.at
www.amebnerhof.at

Eisl Infos

Neben Mutterkühen und Schweinen gibt es am Hof Speisegetreide, aus dem im Holzofen ein traditionelles Sauerteigbrot gebacken wird. Sämtliche Eisl-Produkte bekommt man auf dem Bio-Bauernmarkt Aglassing in Sankt Georgen in Salzburg.

Wimpassing 2, 5113 Sankt Georgen
Telefon: +43 (0) 6272 7541
manfred.eisl@sbg.at
www.biomarkt-aglassing.at

Bäckerei Itzlinger Infos

Die Vollkornbrote, Gebäck und Weißbrote der Biobäckerei Itzlinger kann man in Bioläden im Salzburger Land, auf unterschiedlichen Märkten wie der Schranne in Salzburg Stadt und im Rochushof in einem eigenen Laden samt Restaurant kaufen.

Karlmühlweg 9, 5324 Faistenau
Telefon: +43 (0) 6228 2624
info@itzlingers.at
www.itzlingers.at

Der alte Holzofen der Familie Eisl wird auch heute noch zum Backen ihres traditionellen Bauernbrotes verwendet. In den beiden modernen Backöfen der Bäckerei Itzlinger (rechts im Bild) werden pro Woche 4 500 kg Brot gebacken – im Vergleich zu großen Bäckereien eine kleine Menge. Ein Grund, weshalb gutes Brot zu Hause schwer gelingt, ist übrigens die zu geringe Hitze unserer Backöfen.

Daub

Brotsuppe

für 4 Personen

ZUBEREITUNG

1.
Zwiebeln, Knoblauch und Speck fein würfeln und in Olivenöl 10 Minuten lang andünsten. Tomatenmark einrühren und anschwitzen.
2.
Mit Weißwein ablöschen und mit Suppe aufgießen. Zitronenschale und Lorbeerblatt hinzufügen und alles 20 Minuten köcheln.
3.
Von den Paradeisern den Strunk wegschneiden. Die Paradeiser kurz in kochendes Wasser tauchen, kalt abschrecken und die Haut abziehen. Dann vierteln, entkernen und das Fruchtfleisch in grobe Stücke schneiden.
4.
Die Brotscheiben in 1–2 cm große Würfel schneiden.
5.
Zitronenschale und Lorbeerblatt aus der Suppe entfernen und diese mit Salz und Pfeffer kräftig abschmecken.
6.
Brot- und Paradeiserwürfel in vorgewärmte Suppenschalen häufen und mit der Suppe umgießen. Mit Bergkäse, Schinkenstreifen und grob gehacktem Liebstöckel bestreuen.

ZUTATEN

150 g Zwiebeln
2 Knoblauchzehen
40 g Räucherspeck
4 EL Olivenöl
1 EL Tomatenmark
125 ml Weißwein
750 ml klare Rindsuppe
1 Stück Zitronenschale
1 Lorbeerblatt
3 Paradeiser
4–6 Scheiben altbackenes Brot
Salz, Pfeffer
50 g grob geriebener Bergkäse
60 g Schinkenstreifen
1 Handvoll Liebstöckelblätter

Altes Brot wegzuwerfen ist eigentlich unnötig. Sowohl die Brotsuppe als auch unser Brotsalat und die italienischen Bruschette sind ideal, um Lebensmittelreste und altes Brot aufzubrauchen. Brot ist bei richtiger Lagerung sehr lange haltbar. Wenn es hart geworden ist, kann man es wie in diesen Rezepten wieder weich und knusprig machen. Egal ob in der Suppe, als Brötchen oder im Salat, auf diese Weise zubereitet ist auch altes Brot noch eine Delikatesse.

Osterwecken

für 6 Personen

ZUTATEN

Füllung:

800 g gepökelter Schweinsschopf
1 Bund Wurzelgemüse
2 Lorbeerblätter
5 angedrückte Wacholderbeeren
2 Nelken
1/2 TL Pfefferkörner
1 kleiner Bund Petersilie

Teig:

15 g frischer Germ
560 ml lauwarmes Wasser
800 g Dinkel-Vollkornmehl
15 g feines Salz

außerdem:

1 EL Honig
1 EL zimmerwarme Butter
2 EL warmes Wasser
1 EL gestoßener Koriander zum Bestreuen

frischer Kren und Senf zum Servieren

ZUBEREITUNG

1.
Den Schweinsschopf mit leicht gesalzenem Wasser bedecken und zum Kochen bringen.
2.
Wurzelgemüse schälen, mit den weiteren Zutaten in den Topf geben und den Schopf eine Stunde köcheln lassen. Anschließend den Topf vom Herd ziehen und das Fleisch im Pökelsud noch 20 Minuten ziehen lassen. Den Schopf in eine flache Form legen und mit einem Tuch bedecken. Einen Schöpfer Pökelsud über das Tuch gießen und das Fleisch bei Raumtemperatur vollständig abkühlen lassen.
3.
Den Germ in etwas lauwarmem Wasser auflösen und mit den übrigen Zutaten zu einem weichen Teig verkneten. Das Kneten des Teiges sollte mindestens 10 Minuten in Anspruch nehmen. Er ist fertig, wenn er sich von der Arbeitsfläche lösen lässt.
4.
Den Teig in eine bemehlte Schüssel setzen, mit einem feuchten Tuch abdecken und an einem zugluftfreien, warmen Ort zwei Stunden gehen lassen.
5.
Den Teig kurz durchkneten und zu einem Viereck ausrollen. Den Schweinsschopf trocken tupfen, auf das Viereck legen und mit Teig umhüllen. Den Wecken auf ein bemehltes Backblech setzen und weitere 30–40 Minuten gehen lassen.
6.
Das Backrohr auf 240 °C Umluft vorheizen.
7.
Honig mit Butter und Wasser verrühren und damit das Brot mit einem weichen Pinsel mehrmals einstreichen. Mit Koriander bestreuen und das Blech in den Ofen schieben. Eine Mokkatasse Wasser auf den Ofenboden schütten und die Ofentür sofort schließen.
8.
Nach 15 Minuten die Temperatur auf 160 °C senken und den Wecken in 30–35 Minuten goldbraun backen.
9.
Den Osterwecken warm anschneiden und mit frisch geriebenem Kren und Senf servieren.

Brotsalat oder Pinzgauer Panzanella

für 4 Personen

ZUTATEN

40 g gelbe Linsen
1/2 TL Koriandersamen
1/2 TL Kreuzkümmel
2 Hühnerbrüste mit Haut
Salz, Pfeffer
2 EL Sonnenblumenöl
1 säuerlicher Apfel
200 g Brotreste (Weißbrot, Roggenbrot, Vollkorn)
50 g Butter
2 Jungzwiebeln
1–2 Knoblauchzehen
2 EL Distelöl
4–5 EL Apfelessig
4 Blätter Kochsalat

ZUBEREITUNG

1.
Die gelben Linsen in wenig Wasser weich kochen. Das dauert meist nur 10–12 Minuten. Anschließend abseihen und kalt abwaschen.

2.
Koriandersamen und Kreuzkümmel in einem Mörser etwas zerreiben und damit die Hühnerbrüste einreiben. Die Brüste salzen und pfeffern und auf der Hautseite in Sonnenblumenöl bei moderater Hitze 10 Minuten braten.

3.
Den Apfel vierteln, entkernen und in die Pfanne legen. Das Fleisch wenden und mit den Apfelstücken weitere 10 Minuten braten. Dabei immer wieder mit Bratensaft begießen.

4.
Die Brotreste in grobe Stücke schneiden und in Butter knusprig goldbraun rösten. Die Butter sollte nicht zu heiß werden, sonst wird das Brot bitter und der feine Getreideduft geht verloren.

5.
Jungzwiebeln in Streifen schneiden, den Knoblauch pressen oder fein hacken und mit Distelöl und Apfelessig zu einer Vinaigrette verrühren. Den Kochsalat in Streifen schneiden.

6.
Die Hühnerbrüste in dünne Scheiben oder Würfel schneiden. Den Bratensaft mit der Vinaigrette verrühren und mit Salz und Pfeffer abschmecken. Alle Zutaten mit 2 Löffeln locker vermengen und anrichten.

Dieses Gericht wurde von dem aus der Toskana stammenden Brotsalat Panzanella inspiriert. In ihrer klassischen Variante wird die Panzanella mit rotem Zwiebel, Basilikum und altem Weißbrot gemacht. Das Brot wird vorher in Wasser aufgeweicht und dann in kleinen Würfelchen eine Zeit lang mit Knoblauch, Olivenöl und anderen Gewürzen mariniert. Zusätzlich gibt es viele Varianten, zum Beispiel mit Tomaten und Ruccola.

Das Tolle an diesem Rezept ist, dass die Brotwürfelchen dem Salat eine angenehme Knusprigkeit verleihen und viel vom Geschmack der anderen Zutaten aufsaugen. Diese sollten also von bester Qualität sein.
Vegetarier können die Hühnerbrüste aus unserem Rezept selbstverständlich einfach weglassen. Es schmeckt auch ohne Fleisch sehr gut.

Bruschette

für ein Backblech voller Brote

ZUTATEN

dünne Scheiben verschiedener Brotsorten
halbierte Knoblauchzehen
Olivenöl, Sonnenblumenöl, Nussöl
Salz, Pfeffer

Variante 1:

4–6 Broccoliröschen
1 EL Butter
abgeriebene Schale und Saft einer halben Zitrone

Variante 2:

8 kleine Tomaten
1–2 milde Chilis
4 EL gekochte Schwarze Bohnen
1 Handvoll Basilikumblätter
2 EL Rotweinessig
4 EL Olivenöl

Variante 3:

1 kleine gelbe Zucchini
1 Handvoll kleine Eierschwammerl
2 EL Sonnenblumenöl
1 EL gemischte Kräuter und Blüten
1–2 EL Hanföl
1 Spritzer Zitronensaft

Variante 4:

1 kleiner Radicchio Treviso
1 große Orange
1 Handvoll Studentenfutter
2 EL Nussöl
2 TL Honig

ZUBEREITUNG

1.
Die Brotscheiben in einer Pfanne in gewünschtem Öl mit den Knoblauchzehen beidseitig rösten.
2.
Broccoliröschen in dünne Scheiben schneiden und in Butter und Zitronenschale anbraten. Mit Zitronensaft beträufeln, salzen und pfeffern, schwenken und über die Brote verteilen.
3.
Tomaten halbieren, die Chilis entkernen und in Streifen schneiden. Mit den weiteren Zutaten vermengen und abschmecken. Auf den Broten anrichten und mit Marinade beträufeln.
4.
Die Zucchini in kleine Würfel schneiden, die Eierschwammerl halbieren und beides in Sonnenblumenöl anschwitzen. Die gehackten Kräuter hinzufügen, schwenken und mit Salz und Pfeffer würzen. Auf den Broten verteilen, mit Blüten bestreuen, mit Hanföl und Zitronensaft beträufeln.
5.
Den Radicchio in einzelne Blätter teilen, die Orange filetieren, das Studentenfutter grob hacken. Alles in Nussöl und Honig andünsten und auf den Broten platzieren.

Auch für dieses Rezept haben wir uns in Jakob Itzlingers Korb für altes Brot in der Bäckerei bedient. Für Bruschette ist dieses schon einige Tage alte Brot gerade richtig. Beim Itzlinger wird das alte Brot selbstverständlich nicht entsorgt, sondern zu Bröseln gemacht. Diese werden mithilfe der Restwärme seines Ofens über Nacht getrocknet und schließlich ins frische Brot hineingebacken. Durch diesen kleinen Handwerkskniff nimmt das Brot drei Mal so viel Wasser auf wie Mehl und schmeckt wesentlich länger frisch.

Bruschette sind italienische Antipasti. Unsere Varianten weichen von der traditionellen italienischen Zubereitung mit Olivenöl, gewürfelten Tomaten und Basilikum allerdings ein Stück weit ab. Wir haben uns, wie Sie im Bild sehen, auch nicht daran gehalten, ungesalzenes Weißbrot zu verwendet, sondern nahmen eine Vielzahl ganz unterschiedlicher Brote – alles, was in Itzlingers Brotkorb eben gerade da war. Jedes Brötchen hat daher einen ganz eigenen Geschmack.

Getreidemüsli mit Beerenmix

für 4 Personen

ZUTATEN

1/2 Tasse Dinkel
1/2 Tasse Gerste
1 Prise Salz
1 EL Butter
1 EL Honig
500 g Naturjoghurt
2 Handvoll gemischte Beeren

ZUBEREITUNG

1.
Dinkel und Gerste getrennt voneinander in einem Sieb sauber abwaschen, in kleine Töpfe geben und in kaltem Wasser über Nacht einweichen.
2.
Am nächsten Tag je eine Prise Salz in das Einweichwasser geben und das Getreide circa eine Stunde darin kochen. Dinkel und Gerste haben nicht die gleiche Garzeit, immer wieder ein Korn auf Biss kontrollieren. Das Getreide durch ein Sieb abseihen und ausdampfen lassen.
3.
Butter und Honig in einer Pfanne erwärmen und das Getreide darin durchschwenken. Anschließend etwas abkühlen lassen.
4.
Das Getreidemüsli mit Joghurt oder Milch mischen und mit Beeren bestreuen. Eventuell mit Honig nachsüßen.

Dinkel ist eine Urform des Weizens. Er zählt zu den sogenannten Weichweizen, ist aber wesentlich schwieriger zu kultivieren und außerdem aufwendig bei Ernte und Verarbeitung. Obwohl er zum Beispiel im Mittelburgenland eine lange Tradition hat, ist er deshalb vom weniger anspruchsvollen Weizen eine Zeit lang fast ganz verdrängt worden. Heute wird Dinkel vor allem im Bio-Landbau wieder gern genutzt. Das liegt daran, dass ihm nachgesagt wird, eine gute Alternative für Allergiker mit Weizenunverträglichkeit zu sein. Auch sein herzhafter, nussiger Geschmack mag Grund für seine Wiederentdeckung sein. Er passt ausgezeichnet zu Früchten oder Beeren.
Gerste zählt zu den ältesten vom Menschen angebauten Getreidesorten. Da sie sehr anpassungsfähig ist, fand sie schon früh fast weltweite Verbreitung. Die bekanntesten Gerstenprodukte sind vermutlich Malzkaffe und Bier. Aber auch im Müsli schmeckt Gerste sehr gut, denn ihr Geschmack harmoniert perfekt mit Früchten. In der Pfanne mit Honig leicht karamellisiert, gibt dieses Müsli Kraft für den ganzen Tag.

Käse, Honig & Ei

Käse

Honig

Eier

Im Folgenden geht es um Produkte von Tieren, konkret um Käse, Honig und Eier. Milch habe ich an dieser Stelle ganz bewusst ausgelassen, da ich sie als Getränk werte, obwohl die Milchwirtschaft ein sehr großer und wichtiger Zweig der Landwirtschaft ist. Mit Getränken, Wein, Bier, Milch und Säften würde sich ein weites Feld auftun, das mit Sicherheit ein eigenes Buch verdient.

Wie für alle anderen Kapitel gilt besonders für dieses: Es gibt eine Unzahl kleiner Betriebe, die tolle Produkte herstellen. Käse hat besonders in den westlichen Bundesländern eine lange Tradition, sodass man dort viele kleine Betriebe findet, die eine große Anzahl unterschiedlicher Käsesorten – oft regionale Spezialitäten – erzeugen. Honig- und Käsespezialitäten bekommt man manchmal nur ab Hof, teils in kleinen Bioläden oder auch nur auf Märkten.

Produkte von Tieren gibt es oft, weil Direktvermarkter sich darauf spezialisieren, aber auch als Nebenprodukte, wenn Tiere für die Fleischproduktion gehalten werden. Traditionelle Bauernhöfe haben meistens von allem ein wenig. Ich habe versucht, bei meiner Auswahl beide zu berücksichtigen – den Traditionsbetrieb und die Spezialisten.

VI. Robert Pagets Hofkäserei

Robert Paget hält Wasserbüffel und Ziegen im südlichen Kamptal. Den Käse, den er in Handarbeit aus ihrer Milch herstellt, gibt es in seinem Hofladen in Diendorf, bei Gastronomen der Region und in einigen kleinen Bioläden zu kaufen. Je nachdem, wie viel und welche Milch ihm gerade zu Verfügung steht, macht er frischen Büffelmozzarella, Camembert, Taleggio, Frischkäse, Ricotta und Joghurt oder einen ausgezeichneten Blauschimmelkäse, den er selbst als „Käse für Fortgeschrittene" bezeichnet.

Die Hofkäserei

Robert Pagets Hofkäserei liegt ein wenig versteckt ganz am Ende von Diendorf, gleich nach Hadersdorf am Kamp in Niederösterreich. Diendorf ist auf den ersten Blick ein eher unauffälliges Dorf. Entlang des Weges zum Hof sieht man vor allem Einfamilienhäuser, sodass ich nach der letzten Kurve beinahe überrascht war, plötzlich vor einem großen Holzgatter zu stehen, hinter dem sich Ziegen und Turopolje-Schweine tummelten. Von etwas weiter hinten starrten mich Roberts Wasserbüffel neugierig an. Wer sich den Feldweg entlang an den imposanten Tieren vorbeitraut, die im Übrigen handzahm und sehr gut abgesichert sind, gelangt zu einem überlebensgroßen, selbst gemachten Buddhakopf und steht damit direkt vor dem Eingang zur Hofkäserei.
Die Besuche bei Robert hatten für mich immer etwas Märchenhaftes. Mich begeisterte die Art und Weise, wie hier Kultur, Handwerk und Landwirtschaft ineinandergreifen. Das Flair am Hof erinnerte mich stets ein wenig an Südfrankreich. Überall wachsen duftende Kräuter, vor der Käserei steht ein alter, sehr schöner Apfelbaum, etwas weiter hinten ein riesiger Nussbaum. Die Wände der einzelnen Gebäude tragen eine Patina, die man in unserer Kultur nur selten zu Gesicht bekommt. Auf der Wand des ehemaligen Kuhstalls – er hat eine außergewöhnliche Architektur, die man bei einem Hofbesuch unbedingt begutachten sollte, und war Ort zahlreicher Feste – findet man Spuren eines verblichenen Che-Guevara-Bildes. Es entstand zu Ehren einer kubanischen Musikerin bei einem Hoffest. Spuren wie diese, eine etwas eingerostete Kunstinstallation oder der riesige Buddha vor dem Anwesen, dem bei besonderen Anlässen indischer Stoff angelegt wird, zeugen vom bunten und sehr regen Leben rund um die Käserei. Trotzdem strahlt der alte Innenhof eine angenehme Ruhe aus – was man in gleichem Maß auch über Robert Paget sagen kann.

Dabei hat der Käsemacher eine durchaus bewegte Vergangenheit. Immerhin zählt er zu den heute beinahe legendären Aktivisten der Arena Wien, die bereits in den Siebzigerjahren den Anstoß für viele ähnliche Initiativen gaben. Einige der bekanntesten Veranstaltungsorte und Kulturzentren Österreichs, die Arena Wien, das WUK oder Amerlinghaus, die Stadtwerkstatt Linz oder die ARGEkultur Salzburg gehen auf Hausbesetzungen und auf eine damals junge, kritische und alternative Szene zurück. Viele ihrer Forderungen sind nach wie vor aktuell, etwa wenn es um die Frage geht, wie öffentlicher Raum genutzt wird, zum Beispiel um dort Gemeinschaftsgärten anzulegen oder Kunstprojekte zu veranstalten. Man wollte sowohl auf hohe Mietpreise aufmerksam machen als auch auf die Möglichkeit, alternative Lebensstile zu pflegen. Die Suche nach diesem alternativen und vor allem selbstbestimmten Leben trieb viele Studenten wie Robert irgendwann aber hinaus aus den Städten aufs Land. Man wollte selbst Gemüse anbauen, Tiere halten und sich nach Möglichkeit selbst versorgen. Das Waldviertel war dafür zu jener Zeit ideal, denn der Eiserne Vorhang machte es zu einer Art kultureller Sackgasse. Infrastruktur wie die Kremser Schnellstraße oder regelmäßigen Zugverkehr gab es noch nicht. Dementsprechend zogen die Leute aus dem Waldviertel eher weg, alte Gehöfte wurden verlassen und standen in der Folge leer. Den jungen Aussteigern kam das gerade recht. Der Hof in Diendorf wurde deshalb anfangs von vielen unterschiedlichen Menschen, dafür nur von wenigen Ziegen, bewohnt. Statt Miete zu zahlen, restaurierte man den Hof restauriert und hielt ihn instand. Strom, Gas, Kanal – alles musste selbst gemacht werden.

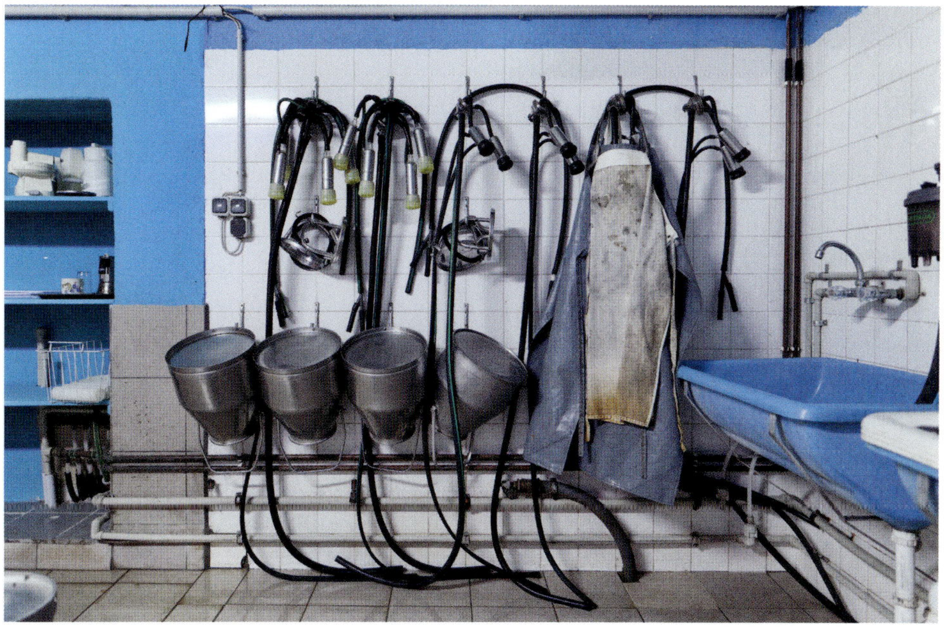

Aller Anfang

Wenn Robert Paget von den Anfangszeiten in Diendorf erzählt, so spricht er gerne von der großen Freude an den kleinen Dingen, aber auch von dem vielleicht

naiven Mut der jungen Szene von damals. Egal, ob es sich um kulturelle Veranstaltungen oder um die Landwirtschaft handelte, man ging, so sagt Robert heute, mit viel Unwissenheit, aber eben auch mit Spaß an die Sache heran. Von Landwirtschaft hatte natürlich keiner eine Ahnung, was zahlreiche Anekdoten belegen. Etwa jene vom ersten Cider, den man selber machte. Da niemand daran dachte, dass dieser in den Flaschen weitergärt, explodierte ein guter Teil davon. Von der ersten Produktion blieb deshalb nur wenig übrig. Auch wie man Käse macht, musste erst mühsam im Selbstversuch und begleitet von vielen Irrtümern herausgefunden werden. Viele Ideen von damals, meint Robert, waren Visionen, die nur für sehr wenige Realität wurden. Zurzeit leben drei Familien auf dem Hof in Diendorf. Die viele Liebe und Arbeit, die in den Gebäuden und Gärten stecken, sind aber auch heute noch sichtbar. Und auch von ihrer Offenheit und ihrem freundlichen Charme hat die ehemalige Diendorfer Kommune nichts eingebüßt.

Vom Büffel in den Laden

Viele Produkte werden heute auf dem Reißbrett entworfen. Das betrifft vor allem Lebensmittel, die veredelt oder erst hergestellt werden müssen, zum Beispiel Käse. Eine neue Käsesorte, die man im Supermarkt kauft, wird unter Umständen Jahre im Voraus geplant. Produktmanager berechnen Kosten, Risiken und potenziellen Gewinn oder auch, ob einzelne Zutaten ständig verfügbar sein werden. Sämtliche Faktoren, die zum „Erfolg" eines Lebensmittels führen – er wird meist an wirtschaftlichen Kriterien gemessen – werden in mühseliger Arbeit abgewogen. Qualität und Nachhaltigkeit finden in diese Berechnung nur selten Eingang. Häufig verschwindet ein qualitativ hochwertiges Produkt, bevor es auf dem Markt wirklich angekommen ist, schon wieder aus den Läden – etwa, wenn Marktstudien ihm eine zu kurze, aber kostenintensive Lebenszeit bescheinigen.

Würde Robert Paget seine Käserei nach solchen marktüblichen Kriterien bewerten, er hätte sie schon vor vielen Jahren schließen müssen. Die wirklich guten Entscheidungen, meint er, entstehen eher aus Freude und einer gewissen Zuversicht heraus. Das wird deutlich, wenn man bedenkt, dass es heimischen Ziegenkäse in den Achtzigerjahren eigentlich nicht gab. Man kannte zwar französischen Ziegenkäse, aber auch dieser war bei uns nicht unbedingt üblich. Ob es einen Markt dafür geben würde, wusste Robert schlicht und einfach nicht. Er fing trotzdem an, Käse zu machen, ohne Ausbildung und ohne Vorwissen.

Wie viele Büffel man benötigt, um genügend Milch zur Käseproduktion zu erhalten und sinnvoll wirtschaften zu können? Ohne sich darüber allzu sehr den Kopf zu zerbrechen, begann der selbst ernannte Landwirt, echten Büffelmozzarella zu machen. Dazu kamen andere Erschwernisse, etwa, dass es in ganz Österreich keinen Tierarzt für Wasserbüffel gab. Die Zuversicht, die er dennoch an den Tag legte, ist bemerkenswert. Mittlerweile ist Robert freilich zum Profi geworden. Er blickt inzwischen auf mehr als 35 Jahre Erfahrung mit Büffel- und Ziegenkäse zurück – obwohl er, ganz zum Leidwesen seiner Kinder, auch heute noch aus dem Bauch heraus entscheidet. Vorher ausrechnen, ob seine Art zu produzieren wirtschaftlich sein wird, das macht er immer noch nicht. Diese Unbeschwertheit hat einen wesentlichen Vorteil: Roberts Käse ist von unvergleichlicher Qualität!

Je nach Jahreszeit stellt er unterschiedliche Käsesorten her. Büffelmilch und die entsprechenden Erzeugnisse gibt es theoretisch acht bis neun Monate im Jahr. Aufgrund seiner sehr kleinen Herde ist der Käsemacher hier allerdings empfindlich eingeschränkt. Milch gibt es nur, wenn Junge zur Welt kommen, und die erste Milch gehört den Kälbern. Erst wenn die jungen Büffel alt genug sind und genügend Milch übrig bleibt, kann Robert daraus Käse machen. Da gibt es dann Frischkäse vom Büffel. Ziegen geben normalerweise von etwa April bis November Milch. Frischkäse von der Ziege bekommt man bei Robert also im Sommer. Je nachdem, um welche Käsesorte es sich handelt, benötigt dieser außerdem einige Zeit zum Reifen. Taleggio reift etwa drei Monate, Blauschimmelkäse sogar sechs bis zwölf Monate. Hartkäse gibt es in der Hofkäserei keinen, denn dafür benötigt man sehr viel Milch, die Robert mit seinen wenigen Tieren nicht zur Verfügung steht.

Um Käse herstellen zu können, sind zwangsläufig weibliche Tiere notwendig. Bei Roberts kleiner Herde, die er in eigener Zucht vermehrt, gibt die Natur vor, wie viele Büffelkühe es gibt – es ist also nicht unbedingt selbstverständlich, dass immer genug weibliche Tiere für den Käsereibetrieb vorhanden sind. Zwar werden die Büffel manchmal getauscht oder verkauft, es kann aber durchaus vorkommen, dass nur vier weibliche Wasserbüffel auf sechs männliche kommen. Wenn zu viele Stiere auf die Welt kommen, werden diese wegen ihrem Fleisch gehalten. Es gibt deshalb, je nachdem, wie die Herde gerade aufgebaut ist, ab Hof mitunter auch Fleisch- und Wurst vom Büffel. Schinken- und Wurstprodukte von den Turopolje-Schweinen sind ebenso erhältlich. Verarbeitet wird das Fleisch übrigens zum Teil in der Thumer Schinkenmanufaktur, zum Teil im Familienbetrieb Hable in Oberösterreich – und schmeckt ausgezeichnet!

Robert ist davon überzeugt, dass man das Futter, das man seinen Tieren gibt, auch in der Milch und im Käse schmeckt. Es kommt zur Gänze aus dem eigenen Betrieb. Aber auch die Tierhaltung selbst und wie Milch genau produziert wird, spielen eine große Rolle. Ziegen etwa kann man unter natürlichen Umständen nur von Februar bis November melken. Damit sie das ganze Jahr über Milch geben, werden sie in der industriellen Produktion deshalb künstlich besamt, bekommen über das Futter Hormone oder müssen ihr Leben in künstlich gesteuertem Licht verbringen. Der Handel zahlt für ihre Wintermilch deshalb auch mehr Geld. Von Wasserbüffeln wiederum werden oft riesige Herden gehalten. Erst ab etwa 50 Tieren kann man

davon ausgehen, genug Milch für eine ganzjährige Produktion zur Verfügung zu haben. Wasserbüffel sind empfindliche Tiere. Sie brauchen Wasserstellen, in denen sie sich abkühlen können, und sie benötigen genug Platz. Will man große Herden halbwegs artgerecht halten, so bedeutet das einen enormen Aufwand, der nur selten betrieben wird. Die Folge sind Missstände in der Tierhaltung und damit einhergehend ein erhöhtes Krankheitsrisiko. In den letzten Jahren standen viele Hersteller von Büffelmilchprodukten deshalb immer wieder unter schwerer Kritik. Die Hofkäserei ist da eine Ausnahme, und selbstverständlich ist sie biozertifiziert. An die große Glocke hängt Robert das allerdings nicht, denn die gängigen Biovorschriften reichen ihm nicht weit genug – vor allem, was die Tierhaltung betrifft. In Diendorf kann man sich davon vor Ort überzeugen. Ein Besuch bei Robert zahlt sich aus, sei es wegen des angenehmen Flairs auf dem Hof, sei es, um seine sanften Riesen, die Wasserbüffel, einmal aus nächster Nähe zu erleben, oder um zu lernen, wie Käse gemacht wird.

Wie macht man Käse?

Zum Käsemachen benötigt man, sehr grob gesagt, drei Grundzutaten: Milch, Bakterien und Lab. Je nach Geschmack kommen dann noch Gewürze dazu, also Salz, Kräuter und unter Umständen Schimmelkulturen. Diese dienen vor allem als Puffer, um andere, unbekömmliche Schimmelarten fernzuhalten. Sie tragen aber auch zu Geschmack und Konsistenz des Käses bei, der Weißschimmel zum Beispiel zu jenem von Camembert. Ich fand es faszinierend, dass Käse erst durch ein komplexes Zusammenspiel vieler Lebewesen entstehen kann: Bakterienkulturen, Schimmelpilze, Milchlieferanten und schließlich die Kälber, aus deren Mägen das Lab gewonnen wird.
Käse, wenn er traditionell gemacht wird, ist somit streng genommen kein vegetarisches Produkt. Das Lab, das zur Eindickung der Milch dient, wird nämlich als Nebenprodukt gewonnen, wenn Kälber für die Fleischproduktion geschlachtet werden. Lab aus Kälbermägen macht in der weltweiten Käseherstellung allerdings nur noch ungefähr 35 Prozent aus – der Rest stammt aufgrund unseres hohen Käseverbrauchs aus anderen Quellen. Mittlerweile gibt es auch vegetarisches Lab aus Pflanzen. Je nachdem, wie es gemacht wird und von welcher Pflanze es stammt, kann es den Geschmack des Käses in unvorhersehbarer Weise verändern. Man benötigt also einige Erfahrung, um daraus guten Käse zu fertigen. Traditionell wird unterschiedliches pflanzliches Lab in einigen sehr speziellen, regionalen Käsesorten verwendet. Industriell wird Labersatz mikrobiell oder mittels Gentechnik hergestellt, was nicht unproblematisch ist. Gentechnisch hergestelltes Lab ist in der Bio-Erzeugung verboten. Auch bei mikrobiellem Lab ist für strenge Vegetarier Vorsicht geboten. Es ist nur dann vegetarisch, wenn die Nährlösungen, auf denen die notwendigen Pilze und Bakterien gezüchtet werden, nicht aus der Tierverwertung stammen. Robert Paget verwendet vegetarisches Lab, das aus dem Rhizom eines Pilzes gewonnen wird und biozertifiziert ist.

Da der Fettgehalt von Milch, je nachdem von welchem Tier sie stammt, immer ein wenig anders ist, muss man beim Käsemachen auch darauf achten. Zum Vergleich: Kuhmilch enthält etwa 4,2 Prozent, Ziegenmilch circa 3,8 Prozent, Büffelmilch hingegen 8 Prozent Fett. Wenn Robert Weichkäse herstellt, braucht er etwa viereinhalb Liter Büffelmilch für ein Kilo Käse, von der fettarmen Ziegenmilch benötigt er fast das Doppelte. Für die Käseproduktion ist also stets eine große Menge Milch erforderlich. Setzt man der Milch Bakterien und Lab zu, so dickt das darin enthaltene Kasein nach ein bis zwei Stunden ein. Die eingedickte Milch wird dann mit Drähten zerschnitten. Es entsteht der sogenannte Käsebruch. Die Größe des Käsebruchs entscheidet darüber, von welcher Art der Käse sein wird. Je kleiner der Bruch, desto mehr Flüssigkeit – Molke – kann austreten. Bei kleinem Bruch wird bei entsprechender Reifung und Lagerung später ein Hartkäse entstehen, aus großem Bruch wird Weichkäse gemacht. Die abgeschöpfte, übrig gebliebene Molke kann noch zur Herstellung von Ricotta verwendet werden, der deshalb auch als „Molkekäse" bezeichnet wird. Er enthält kein Kasein mehr und besteht aus dem übrig gebliebenen Eiweiß Albumin. Sobald die Molke ganz abgeschöpft wurde, kann der Käsebruch in die passenden Formen gegossen werden. In diesen reift er in entsprechend temperierten Räumen – je nach Sorte – wenige Tage bis mehrere Monate.
Mozzarella wird übrigens ein klein wenig anders hergestellt. Er ist nämlich ein Filata-Käse, also eine Art Brühkäse. Beim Filata wird der Käsebruch am Schluss noch einmal mit heißem Wasser überbrüht. Der Käsebruch schmilzt dadurch und zieht sich dabei in lange Fäden. Er kann dann geknetet werden, wird auf diese Weise in Form gebracht und abschließend stark abgekühlt. Oft werden solche Brühkäse später geräuchert oder in Salzlake eingelegt – je nach Tradition. Roberts Mozzarella wird aber frisch verkauft. Man sollte ihn noch am selben Tag verzehren.

Wasserbüffel in Österreich

Angeblich lebten Wasserbüffel schon einmal vor der Eiszeit in Europa. Im Mittelalter wurden sie von Asien nach Italien importiert und auch am Balkan angesiedelt. Im heutigen Sinn werden sie in Mitteleuropa seit den Achtzigerjahren gezüchtet – allerdings nur sehr selten. In der Haltung sind Wasserbüffel grundsätzlich einfach – wenn man gewisse Regeln beachtet. Trotz ihres geringen Gewichts von „nur" etwa einer halben Tonne sind die Tiere massig. Ganz ungefährlich sind sie nicht, vor allem wegen ihrer Neugier und Skepsis Fremden gegenüber.
Robert Paget spricht deshalb mit seinen Büffeln, die seine ruhige Art zu schätzen wissen. Auch Besucher müssen keine Angst haben. Dank der vielen Führungen in der Hofkäserei wissen die Tiere: Wenn Besuch kommt, gibt es Futter.
Man kann für die Wasserbüffel Robert Pagets in der Hofkäserei übrigens auch Patenschaften übernehmen und erhält dann regelmäßige Lieferungen seiner Käsevariationen sowie spezielle Produkte, zum Beispiel den begehrten Büffelrohschinken.

Robert Paget Infos

In der Hofkäserei bekommt man ab Hof Käsevariationen und Wurstspezialitäten je nach Verfügbarkeit. Öffnungszeiten des Hofladens in Diendorf sind Freitag und Samstag von 10 bis 18 Uhr. In Robert Pagets begehrten Käseseminaren kann man außerdem lernen, wie Käse gemacht wird und für welche Gerichte er sich am besten eignet. Das ist besonders interessant, wenn man erfahren will, wie frischer Büffelmozarella schmeckt und auf welche Weise man ihn am besten einsetzt.

Kirchenweg 6, 3492 Diendorf am Kamp
Telefon: +43 (0) 664 15 40 218
paget.robert@netway.at
www.bufala-connection.at

Blauschimmelkäse auf knusprigem Fenchel

für 4 Personen

ZUTATEN

2–3 Fenchelknollen
80 ml Olivenöl
grobes Meersalz
2 Orangen
1/2 TL Anissamen
1 Spritzer Pastis
250 g Blauschimmelkäse
frisch gemahlener Pfeffer

ZUBEREITUNG

1.
Die Fenchelknolle längs in sehr dünne Scheiben schneiden und in Olivenöl bei mittlerer Hitze in ungefähr 25 Minuten knusprig braten. Mit grobem Salz bestreuen und auf einer vorgewärmten Platte oder in einer Form anrichten.
2.
Die Orangen mit einem Messer schälen und das Fruchtfleisch in Scheiben schneiden.
3.
Anissamen im selben Olivenöl erhitzen und die Orangenscheiben darin kurz dünsten. Mit Pastis beträufeln und auf dem gerösteten Fenchel verteilen. Den Blauschimmelkäse in Scheiben daraufsetzen und das ganze Gericht mit dem Olivenöl beträufeln. Mit Pfeffer würzen und warm servieren.

Mit frischem, knusprigem Weißbrot servieren.

Seinen Blauschimmelkäse nennt Robert Paget „Käse für Fortgeschrittene“. Da er lange reift, schmeckt er besonders intensiv und sollte nur in kleinen Dosen oder wie ein Gewürz verwendet werden. Roberts Blauschimmelkäse ist eine Mischung aus Ziegen- und Büffelkäse, was zu einer besonders kräftigen, aromatischen Mischung führt. Der sanfte Geschmack von Fenchel und Anis, vor allem aber die gedünsteten Orangen „entschärfen“ den intensiven Käse ein wenig.

Für unser Foto rechts haben wir ein relativ großes Stück verwendet, von dem man mit der Gabel einfach kleinere Stücke herunterbricht. Ich rate allerdings dazu, Roberts Blauschimmelkäse (wie auch jeden anderen) erst einmal zu kosten und dann zu entscheiden, wie groß die einzelnen Stücke sein sollen. Je nach Vorliebe kann man dann immer noch entscheiden, ob man ihn sparsam wie ein Gewürz einsetzt oder aber – wie wir – so richtig zulangt.

Brie mit Apfel und Birne im Kalbsschnitzerl

für 4 Personen

ZUTATEN

Erdäpfel-Nuss-Salat:

700 g violette Erdäpfel
1 rote Zwiebel
1 kleine Knoblauchzehe
125 ml heiße Hühnersuppe (siehe S. 161)
2 TL Senf
4 EL Weißweinessig
5 EL Nussöl
Salz, Pfeffer
2–3 EL gehackte Walnüsse
1 EL Kräuselpetersilie

Schnitzel:

1 Apfel
1 Birne
4 Kalbsschnitzel á 140 g
4 Scheiben Brie
Salz, Pfeffer
2 EL Rapsöl
1 EL Butter
1 Prise Paprika, edelsüß

ZUBEREITUNG

1.
Für den Salat die Erdäpfel in der Schale kernig kochen.
2.
Die Zwiebel in Ringe schneiden und den Knoblauch fein hacken.
3.
Die Erdäpfel abgießen und 10 Minuten ausdampfen lassen. Noch heiß die Schale abziehen und in dünne Scheiben schneiden.
4.
Die Erdäpfel mit der Hühnersuppe durchmischen und 10 Minuten ziehen lassen. Dann mit Senf und Essig marinieren, Nussöl hinzufügen und mit Salz und Pfeffer kräftig abschmecken. Zuletzt Walnüsse und Petersilie untermengen.
5.
Für die Schnitzel das Kerngehäuse von Apfel und Birne ausstechen und beide in dünne Scheiben schneiden.
6.
Die Kalbsschnitzel salzen und pfeffern, mit Apfel- und Birnenscheiben belegen, die Briescheiben daraufsetzen, die Schnitzel zusammenklappen und mit Holzspießen fixieren.
7.
Die Schnitzel in Öl auf beiden Seiten bei moderater Hitze braten. Butter beifügen und schärfer anbraten. Am Schluss mit Paprika bestreuen und mehrmals mit Butter übergießen.
8.
Die Schnitzel mit etwas Bratfett beträufeln und mit Erdäpfelsalat anrichten.

Mozza auf Artischocke mit Steinpilzen und Pesto

für 4 Personen

ZUBEREITUNG

1.
Für die Artischocken eine Schüssel mit kaltem Wasser und dem Saft einer Zitrone bereitstellen. Einen Topf mit Wasser erhitzen und eine in Scheiben geschnittene Zitrone sowie eine Prise Salz und Zucker zufügen.

2.
Von den Artischocken die Stiele abbrechen und die Blätter mit einem Sägemesser so lange rundum abschneiden, bis nur noch der Artischockenboden mit dem feinfiedrigen Heu übrig bleibt. Dabei die Artischocke, damit sie nicht braun wird, immer wieder in das Zitronenwasser tauchen. Das Artischocken-Heu mit einem scharfkantigen Löffel ausschaben, die Böden kalt abwaschen und im Zitronensud circa 20 Minuten kochen.

3.
Anschließend kalt abschrecken und mit Olivenöl einreiben.

4.
Für das Pesto Kräuter, Zitronenschale, Pinienkerne und Olivenöl fein pürieren und den Pecorino untermengen.

5.
Die Steinpilze in dünne Scheiben schneiden, in Butter scharf anbraten und mit Salz und Pfeffer würzen.

6.
Mozzarella auf die Artischockenböden setzen und die Steinpilze mit Pestotupfern rundherum verteilen. Zitronensaft und Olivenöl verrühren und um die Artischocken träufeln. Mit Pinienkernen, Blüten, Salz und Pfeffer bestreuen.

ZUTATEN

4 frische Büffel-Mozzarella

Artischocken:

4 große Artischocken
2 Zitronen
Salz, Zucker
4 EL Olivenöl

Pesto:

2 Handvoll Basilikumblätter
1 Handvoll frische Gartenminze
1/2 TL abgeriebene Zitronenschale
2 EL geröstete Pinienkerne
80 ml Olivenöl
2 EL fein geriebener Pecorino

Steinpilze:

4 kleine, feste Steinpilze
1 EL Butter
Salz, Pfeffer

außerdem:

Saft einer Zitrone
4 EL Olivenöl
1 EL geröstete Pinienkerne
essbare Blüten zum Bestreuen
Meersalzflocken
frisch gemahlener Pfeffer

Dieses Rezept wurde von Colette Prommer inspiriert. Sie schreibt Kochbücher, war Radioköchin, betreibt ein ausgezeichnetes Catering und organisiert wunderbare Kochkurse in ihrem „Salon Colette", die ich selbst schon mehrmals in Anspruch nahm. Da sie nur erstklassige Zutaten verwendet, kennt sie viele Produzenten persönlich. Die Hofkäserei hatte Colette mir ans Herz gelegt. Ohne ihre charmante Vermittlung hätte ich Robert Paget vermutlich nie kennengelernt. Auch Robert hatte Anteil an der Entwicklung dieses Rezepts.
Mozzarella, erklärte uns der Käsemacher, soll man, wenn er von guter Qualität ist, auf keinen Fall schneiden. Man reißt ihn. Der Käse ist, wenn frisch, außen elastisch, innen aber sehr weich, beinahe flüssig. Sein „Serum" rinnt, wenn Sie ihn wie im Bild anrichten, auf den Artischockenboden, wo nichts von seinem köstlichen Geschmack verloren geht.
Das Italienische „mozzare" bedeutet übrigens „händisch abtrennen" und bezieht sich auf das händische Zerreißen der Brühmasse des Filata-Käses, auf die sogenannte „mozzatura". Deshalb haben die einzelnen Mozzarellastücke auch immer andere Zipfel. Der Fachmann erkennt daran sofort, ob ein Mozzarella händisch oder maschinell hergestellt wurde.

Ziegenfrischkäse mit Apfel im kleinen Kürbis

für 4 Personen

ZUTATEN

4 kleine Kürbisse (z.B. Hokkaido)
2 säuerliche Äpfel
2–3 EL milder Hollerblütensirup
Saft einer halben Zitrone
500 g Ziegenfrischkäse
feines Meersalz
1 Handvoll Salbeiblätter
125 ml Sonnenblumenöl
1 EL geröstete, leicht gesalzene Mandeln

ZUBEREITUNG

1.
Das Backrohr auf 160 °C Umluft vorheizen.

2.
Die Kürbisse halbieren, das Kerngehäuse auskratzen und die Kürbisse in je einen Bogen Backpapier wickeln und zu einem Paket formen, sodass der Kürbis im eigenen Dampf gart. Im Ofen 25–30 Minuten weich schmoren.

3.
Die Äpfel schälen, entkernen und in kleine Würfel schneiden. In Hollersirup und Zitronensaft glasig dünsten und die Apfelwürfel behutsam mit dem Frischkäse vermengen. Den Sirupsaft aufbewahren.

4.
Die Kürbisse mit Meersalz bestreuen und den Frischkäse locker einfüllen.

5.
Die Salbeiblätter in nicht zu heißem Öl knusprig frittieren und auf Küchenpapier abtropfen lassen. Die Salzmandeln grob hacken.

6.
Die gefüllten Kürbisse mit Sirup beträufeln und mit Salbei und Mandeln bestreuen.

Achtung: Dieses Rezept schmeckt eher süß und nur leicht säuerlich. Es eignet sich ebenso gut als Nachspeise. Auch wenn Kürbis und Käse in dieser Geschmackskombination eher ungewöhnlich sind, ich versichere Ihnen, die unterschiedlichen Zutaten dieses Rezeptes passen ausgesprochen gut zusammen. Die Süße des Hollersirups, die Säure von Apfel und Zitrone und der gebratene Salbei ergeben in Kombination mit Ziegenfrischkäse und Kürbis ein richtiges Geschmacksfeuerwerk.

Ricottakuchen

für eine Springform mit 20–24 cm Ø

ZUTATEN

4 Eier
140 g Feinkristallzucker
1 TL echter Vanillezucker
500 g Ricotta
130 g zimmerwarme Butter
50 g Grieß
1 TL Orangenlikör

außerdem:

zerlassene Butter und Grieß für die Form

ZUBEREITUNG

1.
Die Springform mit Butter einpinseln und mit Grieß ausstreuen.
2.
Das Backrohr auf 180 °C Ober-/Unterhitze vorheizen.
3.
Die Eier trennen und die Dotter mit der Hälfte des Zuckers und dem Vanillezucker mit dem Handmixer schaumig rühren.
4.
Das Eiweiß mit dem restlichen Zucker zu halbfestem Schnee schlagen.
5.
Ricotta mit Butter glatt rühren und die Dottercreme untermengen. Eischnee, Grieß und Orangenlikör luftig unterheben und die Masse in die Kuchenform streichen.
6.
Den Kuchen 40–45 Minuten backen.

Alexanders einfacher Ricottakuchen ist einer meiner Lieblingskuchen. Ich habe das Rezept mittlerweile in vielen unterschiedlichen Variationen ausprobiert, mit Frischkäse, mit Topfen oder mit unterschiedlichen Käse-Ricotta-Mischungen. Je nach Zutat bekommt der Kuchen einen ganz eigenen Geschmack. Jenen von Ricotta mag ich besonders gern. Nach dem Backen sollte man den fertigen Kuchen unbedingt noch ein wenig ruhen lassen. Nicht erschrecken: Schneidet man den Kuchen zu bald an, so wird er innen sehr weich und cremig sein. Er braucht noch eine Weile und wird um einiges fester, wenn er abgekühlt ist. Wer den Kuchen gern etwas weniger flaumig und mit mehr Biss hat, der kann alternativ schon vorab ein kleines bisschen Mehl in den Teig mischen.
Der Ricotta von Robert Paget hat je nachdem, welche Tiere gerade gemolken wurden, einen unterschiedlich hohen Fettgehalt. Wenn er sehr fetthaltig ist, dann einfach etwas weniger Ricotta nehmen, bei Büffelricotta zum Beispiel nur 400 Gramm.

VII. Honig vom Rohrauer und der „dazu Hofladen“

Annemarie Wanner und Georg Rohrauer betreiben im Burgenland eine kleine Imkerei. Ihren Hofladen haben sie nach Wien verlegt, wo unter dem Namen „dazu Hofladen“ alles verkauft wird, was eben dazugehört: der hauseigene Honig, Spezialhonige mit besonderem Geschmack, selbst gemachter Senf und vieles mehr. Zusätzlich zu den eigenen Produkten verkauft man im Laden auch Gemüse, Brot, Milch, Käse und Weine ausgewählter Kleinproduzenten aus ganz Österreich.

HOF
LADEN
Hitzefrei!
04.08-27.08
geschlossen

Honig und alles, was dazugehört

Ursprünglich sollte der „dazu Hofladen“ ja im Burgenland direkt neben der Imkerei und den Streuobstwiesen der Familie Rohrauer liegen. Wirklich verkauft wurden die Produkte dann aber vor allem auf den saisonalen Märkten Wiens. Annemarie Wanner und Georg Rohrauer beschlossen deshalb, ihren Hofladen in die Hauptstadt zu verlegen. Ein typischer Bioladen oder ein Reformhaus sollte es aber nicht werden. Am ehesten dachten Annemarie und Georg wohl an eine Art Greißlerei, was das Konzept auch so sympathisch macht. Da kommt es schon mal vor, dass einer älteren Kundin die Milch bis vor die Wohnungstüre gebracht wird, man einem gebrechlichen Herren nach dem Einkauf über die Straße hilft oder man beim Philosophieren über ein bestimmtes Rezept auf der Bank vor dem kleinen Geschäft die Zeit vergisst. Das inhaltliche Konzept des „dazu Hofladens“ ist einfach. Man bekommt dort Lebensmittel, die zwar nicht unbedingt notwendig sind, die man aber immer mal „dazu“ braucht: guten Wein, Honig, Senf, Marmeladen, selbst gemachte Säfte und echtes Honigbier. Davon abgesehen gibt es aber auch Brot von einer kleinen Wiener Bäckerei, Milch und Käse, unter anderem aus der Vorarlberger Käserei Hilkater und der Mattigtaler Hofkäserei aus Salzburg sowie das Gemüse von Freunden oder vom Biohof Adamah.
Der große Wert, der hier auf die Herkunft der Lebensmittel gelegt wird, und die behutsame Auswahl österreichweiter Kleinbetriebe sind außergewöhnlich. Ein Grund dafür ist vielleicht die Ausbildung, in deren Verlauf Annemarie und Georg einander kennengelernt haben. Eigentlich studierten die beiden Önologie oder wie man bei uns auch sagt, Kellerwirtschaft. Ihr Fachgebiet ist also der Wein. Bei Wein, erzählten sie mir begeistert, sind Herkunft, die Art und Weise, wie er verarbeitet wird, und der Boden wichtig. Alles zählt, von der Traube bis zum Verschluss der Flasche. Die Kultur des Weins betrifft seine Herstellung genauso wie den Konsum. Für Annemarie und Georg sollte, was für Wein gilt, auch für alle anderen Lebensmittel gelten. Gemüse, Käse, Milch oder Honig verdienen mindestens

genauso viel Kultur und Leidenschaft. Da Georgs Eltern schon seit vielen Jahren eine Imkerei im Burgenland betreiben, beschlossen die jungen Bio-Enthusiasten daher, diese weiterzuführen und selbst in die Landwirtschaft zu gehen. Im „dazu Hofladen" in Wien und in der Landwirtschaft der Rohrauers im Burgenland wird ihre Philosophie, Lebensmittel wie guten Wein zu behandeln, seither mit viel Liebe umgesetzt. Teil dieser Philosophie ist, dass im Laden durchaus auch einmal etwas ausgehen darf, aber nichts übrig bleiben soll. Lebensmittel, die nicht gekauft wurden, verarbeitet man. Ganz nach Familientradition wird alles eingekocht, was in den Regalen liegen bleibt, oder aber der im Laden angestellte Klaus – auch er ist Kellermeister – bäckt Kuchen und Quiches, die man dort selbstverständlich essen kann.

Das wirkliche Herzstück des kleinen Geschäftes in Wien sind freilich die eigenen Produkte aus der Landwirtschaft im Burgenland. Selbst gemacht wird aus allem etwas, das dort wächst und sich verarbeiten lässt. Die Produktpalette ist ständig am Wachsen, wobei man ausgesprochen kreativ ist. Georgs Schwester Franziska etwa macht mittlerweile 20 verschiedene Spezialhonige. Ihren ausgezeichneten Vanillehonig haben wir für den Rezeptteil dieses Kapitels zu Honigeis verarbeitet. Auch selbst gemachte Senfvariationen gibt es im Laden, zum Beispiel mit Chilis oder Kräutern aus dem eigenen Garten. Je nach Saison bekommt man immer wieder auch besondere Zutaten, zum Beispiel alte Apfelsorten oder seltene Weinbergmarillen, die nur im Mittelburgenland wachsen.

Die Imkerei

Die kleine Imkerei der Familie Rohrauer ist eine sogenannte Standortimkerei. Die Bienenstöcke bleiben also das ganze Jahr über am selben Ort stehen. Die Vegetation rund um diesen Ort bestimmt daher, welchen Honig es zu welcher Jahreszeit gibt. Im Honig schmeckt man genau, was gerade blüht. Der Standort der Bienenstöcke, in der Fachsprache „Trachtgebiet", ist für Imker also sehr wichtig. Die Bienen der Imkerei Rohrauer leben in der Gegend rund um den Pauliberg, Österreichs „jüngstem" erloschenem Vulkan. Dank des Vulkans gibt es in der ehemaligen Bergwerksgegend sehr viele unterschiedliche Bodentypen – Sand, Kalk, lehmige Böden – und eine entsprechend große Pflanzenvielfalt. Dieser Reichtum ist für Bienen besonders wichtig, denn er erhöht ihre Vitalität. Er garantiert, dass die ganze Saison über Nahrung verfügbar ist, denn jede Pflanze blüht zu einer anderen Zeit.

Wenn man mit Georg zu seinen Bienen fährt, bekommt man einen Eindruck davon, was einen guten Imker ausmacht. Zu jedem Ort kennt er eine Geschichte und weiß stets, welche Pflanze wo gerade blüht. Die Standorte für ihre Bienen haben Annemarie und Georg sorgfältig ausgewählt. Ein Teil ihrer Bienenvölker lebt am sogenannten Stoober Biri, einer ehemaligen Weinbaugegend, die mittlerweile zum Landschaftsschutzgebiet erklärt wurde. Etwa 100 alte Kirschsorten wachsen dort. Man findet am Stoober Biri sogar einige überaus seltene „Speierlinge", sehr alte Wildobstbäume, die von den Römern nach Österreich gebracht wurden, heute aber nicht mehr kultiviert werden und deshalb beinahe verschwunden sind. Für Georgs und Annemaries Bienen ist dieser Standort ein Paradies.

Insgesamt hat die Imkerei vier Trachtgebiete, wobei nur zwei für die Produktion wichtig sind. Die Bienenvölker am Stoober Biri sind eines davon. Der zweite wichtige Standort befindet sich in einem einige Kilometer entfernten Wald. Die Bienen dort machen vor allem Akazienhonig oder, je nach Jahr und Jahreszeit, auch Waldhonig. An der sogenannten „Waldtracht" sind übrigens nicht nur Bienen, sondern auch Blattläuse beteiligt. Diese ernähren sich vom Saft und Harz der Bäume und scheiden Honigtau aus, einen süßen Saft, den Ameisen, Fliegen und eben auch Bienen ernten. Honigtau enthält neben unterschiedlichen Zuckern auch Fermente des jeweiligen Baumes. Je nachdem, aus welchem Wald und von welchen Bäumen er stammt, hat er deshalb die typische dunklere Farbe als der Honig der „Blütentracht", der aus Nektar und Pollen gemacht wird.

Honig ist ein reines Naturprodukt, produziert wird er ausschließlich von den Bienen selbst. Der Imker muss den fertigen Honig eigentlich nur noch aufsammeln. Das heißt, die mit Honig gefüllten Waben werden in die Imkerei gebracht und dort erst einmal vom Wachs befreit, das wie ein Deckel über den Waben sitzt. Dann werden sie in einer Zentrifuge geschleudert und der austretende Honig wird gefiltert und von Wachsresten befreit. Die eigentliche Herausforderung des Imkers, erklärte mir Georg, liegt aber anderswo. Er muss sich um die Gesundheit seiner Bienenvölker kümmern und dafür Sorge tragen, dass diese genug Honig produzieren. Bienen machen Honig nicht zum Selbstzweck. Sie wollen sich vor allem vermehren. Jedes Bienenvolk strebt danach, sich zu teilen. Das geschieht, indem das Volk eine sogenannte Weiselzelle baut. In dieser viel größeren Zelle kann eine neue Bienenkönigin heranwachsen. Sie wird von den Ammenbienen mit einem besonderen Honig aus deren Futterdrüsen gefüttert, dem Gelée Royal. Sobald diese zweite Königin ausgewachsen ist, verlässt sie das Volk, nimmt aber einen großen Teil der Bienen mit, um einen neuen Standort zu suchen. Teilt sich ein Volk, so ist das für den Imker nicht unbedingt gut, denn die verbliebenen Bienen produzieren, bis das Volk wieder groß genug ist, weniger Honig. Die Aufgabe des Imkers ist es, sich um jene Gratwanderung zwischen Größe und Teilung zu sorgen, die ein Bienenvolk gesund und produktiv macht.

Bienen haben Stress

Die Honigbiene gibt es, so vermutet man, seit vielen Millionen Jahren auf der Erde. Heute gelten viele Bienenarten als gefährdet. In den USA – wo die Honigbiene erst durch die Europäer eingeführt

wurde, also nicht heimisch ist – starben 2007 etwa 80 Prozent aller Bienenvölker. Doch auch in Europa, wo die Honigbiene seit jeher zu Hause ist, gehen die Bienenbestände, wenn auch langsamer, zurück. Georgs Vater bemerkte in den letzten Jahren, dass manche anscheinend gesunde Bienenvölker ohne sichtbares Anzeichen einer Beeinträchtigung kleiner wurden oder erkrankten. Zuerst dachte er, er habe plötzlich sein Handwerk verlernt, doch mit der Zeit und nach vielen Gesprächen mit Kollegen, die Ähnliches erlebten, wurde deutlich: Das Verschwinden der Bienen ist längst auch in Österreich zur Realität geworden. Neben ihren Produktionsstandorten hält Familie Rohrauer deshalb auch an einigen zusätzlichen Orten Bienenvölker. Direkt neben der Imkerei hat man mehrere Bienenstöcke zur Vermehrung aufgestellt. Georg bringt einige seiner Völker aber auch zu befreundeten Obstbauern, zum Beispiel in Forchenstein, denn dort gibt es bereits keine Bienen mehr. Für das Bestäuben der Bäume sind sie von unschätzbarem Wert. Wo genau die Ursachen für das dramatische Verschwinden der Bienen liegen, ist schwer zu bestimmen und hat vermutlich mehr als nur eine Ursache. Georg bringt es mit einem Satz auf den Punkt: Bienen haben Stress und Gründe dafür gibt es viele.

Manches, was zur Erkrankung von Bienen führt, ist natürlichen Ursprungs, etwa, wenn diese von Milben oder Pilzen befallen werden. Es macht allerdings einen großen Unterschied, ob ein gesundes Volk oder ein schon geschwächtes Volk betroffen ist. Zahlreiche Stressfaktoren sorgen heute dafür, dass Bienen vorbelastet sind. Einige davon liegen in der Art und Weise, wie Imkerei betrieben wird. Zum Beispiel wenn man die Völker vom Schwärmen abhält, indem man der Königin die Flügel abschneidet, wie das in der konventionellen Imkerei oft praktiziert wird. Die Königin signalisiert den Bienen, trotzdem zu schwärmen, Stress entsteht. In der biologischen Honigproduktion werden die Flügel der Königinnen deshalb nicht kupiert. Stattdessen schneidet man zum Beispiel die Weiselzellen aus den Waben und kann diese dann mit anderen Imkern tauschen – oder aber, man erlaubt den Völkern, sich zu teilen. Auch Bienenarten werden selbstverständlich gezüchtet, wie so oft vor allem mit Blick auf hohen Ertrag. Da man nicht unbedingt will, dass viele Drohnen – die keinen Honig produzieren – entstehen, und möglichst große Völker bevorzugt, kann schon die Zucht zu Stress bei den Bienen führen. Die Monokulturen der Landwirtschaft und der Rückgang der Vielfalt in der Vegetation wirken sich ebenfalls negativ aus. Besonders die sogenannten Agrarwüsten, riesige Monokulturen, werden zum immer größeren Problem. Das liegt aber nicht nur daran, dass Saatgut mit Insektenvernichtungsmitteln versehen wird. In Monokulturen blüht alles auf einmal. Im Burgenland und in Ungarn sind das riesige Flächen Raps, in der Steiermark Mais. Für die Bienenvölker ist die zeitgleiche Blüte Abertausender Pflanzen ein Zeichen, möglichst schnell zu expandieren. Ist die Monokultur abgeblüht, bleiben aber kaum andere Pflanzen übrig.

All diese Faktoren führen laut Georg dazu, dass Bienen in gewisser Weise ständig gestresst und dadurch geschwächt sind. Werden dann zusätzlich Gifte wie die mittlerweile vielerorts verbotenen

Neonikotinoide versprüht oder wird ein neuer, aggressiver Parasit, zum Beispiel die Varroamilbe, eingeschleppt, so haben die Bienen keine Chance mehr.
Annemarie und Georg wollen mit ihrer Art zu wirtschaften diesem Trend entgegenwirken. Am Stoober Biri finden ihre 150 Bienenvölker noch eine durchmischte Vegetation. Den Standplatz im Wald würde Georg am liebsten noch weiter von den Feldern weg und tiefer in den Wald verlegen. Der Honig wird außerdem nach strengen biologischen Regeln erzeugt. Das betrifft schon die Auswahl der Bienenvölker, denn nicht jede Zucht ist gleich. Georgs Bienen werden nicht gezüchtet, um möglichst wenig zu schwärmen oder wenige Drohnen auszubilden. Stattdessen wird auf die Vitalität der Bienen Wert gelegt, ein Aspekt, der lange Zeit einfach vernachlässigt wurde. Auch die Art, wie die Bienen gehalten werden, ob man sie schwärmen lässt oder nicht, und sogar die Herkunft der Bienenwaben, auf denen die Tiere angesiedelt werden, sind von Bedeutung. Da für die Honigproduktion Blütenstaub und Nektar allein nicht ausreichen, werden Bienenvölker mit Zucker gefüttert. Auch der Zucker muss bei Bio-Honig aus nachhaltiger Produktion stammen. Der Mensch gibt der Biene Zucker und erhält dafür Honig, wobei man niemals den gesamten Honig nehmen darf. Dieses Geben und Nehmen, sind Annemarie und Georg überzeugt, ist etwas ganz Natürliches. Die Biene, so meinte Georg, hat durch jahrtausendelange Bestäubungsarbeit entschieden, welche Pflanzen heute wachsen. Jetzt entscheidet stattdessen der Mensch, aber er trifft nicht immer die beste Wahl. Der Mensch ist stets ein Teil des Ökosystems. Die Frage ist nur: Welche Rolle soll er spielen? Eigentlich könnte diese Rolle auch sein, Vielfalt zu schaffen.

Rohrauer und „dazu Hofladen“ Infos

Familie Rohrauer betreibt im Burgenland eine kleine Landwirtschaft mit Streuobstwiesen und eine Imkerei. Der Honig ist streng biologisch. Das betrifft sowohl die Auswahl der Bienenvölker und ihre Fütterung mit Rübenzucker als auch den Ursprung der ersten Waben, auf denen die Bienen angesiedelt werden. Hergestellt werden verschiedene Honigsorten, zahlreiche Spezialhonige, ausgezeichnete Senfkreationen, Obstsäfte und vieles mehr. Die Spezialitäten sind auf verschiedenen regionalen und saisonalen Märkten erhältlich. In Wien betreibt Annemarie Wanner den „dazu Hofladen“. Sämtliche Feinkost aus Eigenproduktion, aber auch die Produkte einiger ausgewählter Kleinerzeuger sind im Laden erhältlich. Besondere Empfehlung: Im Hofladen gibt es ein ausgezeichnetes Honigbier.

Liechtensteinstraße 73/3, 1090 Wien
+43 (0) 1 9220156
hofladen@dazu.at
www.dazu.at

Bio Rohrauer
Rosengasse 15, 7321 Lackendorf
+43 (0) 676 9414814
senf@dazu.at

HOFLADEN
Bio Produkte von
BIO ROHRAUER
Senf
Ketchup
Chilipasten
Brot
Milch
Obst
Gemüse
Käse
Wein
Honig

Honigkrapfen

für 20 bis 25 Krapfen

ZUBEREITUNG

1.
In einer kleinen Schüssel den Germ in circa 50 ml lauwarme Milch bröseln und mit 2 EL Mehl glatt rühren. Den so entstandenen Vorteig mit Folie abdecken und in 15 Minuten zum sogenannten Dampfl gehen lassen.

2.
Das Dampfl mit den restlichen Zutaten zu einem glatten Teig vermengen und 4–5 Minuten lang verkneten. Den Krapfenteig in einer bemehlten Schüssel mit einem feuchten Tuch zugedeckt eine Stunde gehen lassen.

3.
Den Teig kurz durchkneten und zu einer langen Rolle formen. 20–25 Teile abstechen und zu Kugeln formen. Mit einem Küchentuch bedeckt, 40 Minuten gehen lassen.

4.
Ein bis zwei Finger hoch Frittieröl in einem flachen Topf auf circa 170 °C erhitzen.

5.
Die Krapfen mit der Hand etwas flach drücken und in das heiße Fett setzen. Sobald die Unterseite goldbraune Farbe genommen hat, die Krapfen umdrehen und fertig backen. Mit einem Schaumlöffel herausheben und auf Küchenpapier abtropfen lassen.

6.
Die Krapfen noch heiß in Zucker wälzen und den Honig mit einer kleinen Spritzflasche oder einem Spritzsack in die Krapfen einspritzen.

ZUTATEN

Krapfenteig:

20 g frischer Germ
250 ml lauwarme Milch
500 g Mehl
2 Eier
2 Dotter
70 g Feinkristallzucker
60 g zerlassene Butter
1 Msp. abgeriebene Schale einer Biozitrone
1 TL Vanillezucker
1 Prise Salz

außerdem:

1 Liter geschmacksneutrales Frittieröl
Feinkristallzucker zum Wälzen
cremig gerührter Honig zum Füllen

Honig-Crostini mit Rübensalat

für 4 Personen

ZUBEREITUNG

1.
Fenchel- und Koriandersamen in einem Mörser zerstoßen und in einer großen Pfanne trocken rösten, bis sie zu duften beginnen.
2.
Den Honig beifügen und leicht karamellisieren lassen. Die Butter einrühren und die Brotscheiben in die Pfanne legen. Die Brote beidseitig goldbraun anrösten.
3.
Weiße Rüben und Chioggia-Rüben schälen, vierteln und mit Radieschen und Gurken in dünne Scheiben schneiden. Den Lauch längs halbieren und quer in feine Streifchen schneiden.
4.
Das Gemüse in einer großen Schüssel mit Apfelessig, Apfelsaft und Rapsöl marinieren und mit Salz und Pfeffer kräftig abschmecken.

Tipp: Als Alternative zu den ganzen Scheiben eignen sich auch Brotwürfel – man hat dann gleich bissgroße Stücke.

ZUTATEN

Crostini:

1/2 TL Fenchelsamen
1/2 TL Koriandersamen
2 EL Sonnenblumenhonig
2 EL Butter
4 große Scheiben Dinkelbrot

Rübensalat:

200 g weiße Rüben (z.B. Mairüben)
200 g Chioggia-Rüben
200 g Radieschen
200 g Salatgurke
50 g Lauch
3 EL Apfelessig
1–2 EL Apfelsaft
5 EL kalt gepresstes Rapsöl
Salz, Pfeffer

Rostbraten mit Honig-Schalotten und Apfel-Erdäpfelpüree

für 4 Personen

ZUBEREITUNG

1.
Die Schalotten schälen und in Olivenöl unter Schwenken anbraten. Mit Sekt ablöschen, mit Suppe aufgießen und so lange offen kochen, bis die Flüssigkeit fast verdampft ist. Den Honig einrühren und alles stark einkochen. Die Schalotten salzen und warm stellen.
2.
Die Erdäpfel in der Schale kochen und etwas ausdampfen lassen. Die Butter langsam erhitzen, bis sie am Topfboden leicht gebräunt wird. Die braune Butter durch ein feines Sieb passieren. Die Erdäpfel heiß schälen und durch eine Kartoffelpresse drücken. Mit brauner Butter, Milch und Apfelmus verrühren und mit Salz abschmecken.
3.
Die Rostbratenscheiben in einer sehr heißen Grillpfanne beidseitig nach Vorliebe braten und mit Salz und Pfeffer bestreuen. 3–4 Minuten rasten lassen.
4.
Rostbraten mit Schalotten und Püree anrichten, mit Bratensaft und Schalottensirup beträufeln und mit Schnittlauch bestreuen.

ZUTATEN

Honig-Schalotten:

20 kleine Schalotten
2 EL Olivenöl
125 ml Sekt
250 ml leichte Gemüsesuppe
2 EL Honig
Meersalz

Apfel-Erdäpfelpüree:

800 g mehlige Erdäpfel
30 g Butter
100 ml heiße Milch
100 g Apfelmus
Salz

Rostbraten:

4 Scheiben Rostbraten à 180 g
2 EL Rapsöl
Salz, gestoßener Pfeffer

Schnittlauch zum Bestreuen

Vanille-Honigeis mit Orangenhippen

für 4 Personen

ZUBEREITUNG

1.
Milch, Obers und Honig erhitzen. Eidotter und Ei über Wasserdampf mit dem Handmixer schaumig aufschlagen. Die Honig-Milch nach und nach in die Eiercreme gießen, eine Prise Salz hinzufügen und alles über Dampf mit dem Handmixer cremig schlagen.
2.
Die Schüssel mit der Masse in eine größere Schüssel mit Eiswürfeln stellen und die Masse kalt schlagen.
3.
Dann in einer Eismaschine gefrieren oder in eine Auflaufform gießen und im Gefrierfach unter gelegentlichem Rühren zwei bis drei Stunden frieren.
4.
Das Backrohr auf 220 °C Umluft vorheizen.
5.
Für die Hippen alle Zutaten glatt rühren und als kleine Flecken mit etwas Abstand zueinander auf ein mit Backpapier belegtes Backblech streichen.
6.
Die Hippen unbedingt auf Sicht backen. Die goldbraun gebackenen Hippen noch heiß vom Backpapier lösen und über einen dicken Kochlöffelstiel biegen.
7.
Das Honigeis mit Orangenhippen servieren. Dazu passen frische, säuerliche Beeren wie Ribiseln oder Stachelbeeren.

ZUTATEN

Vanille-Honigeis:

250 ml Milch
250 ml Obers
130 g Vanille-Honig vom Rohrauer
4 Eidotter
1 Ei
1 feine Prise Salz

Hippen:

50 g zerlassene Butter
100 g Feinkristallzucker
50 g Orangensaft
1 Msp. fein abgeriebene Schale einer Orange
30 g glattes Mehl
40 g fein geriebene Mandeln

Senfgemüse mit Verjus-Basilikum-Senf

für 4 Personen

ZUTATEN

200 g kleine Gartenkarotten
200 g gelbe Rüben
200 g Petersilwurzeln
200 g junger grüner Spargel
1 Bund Jungzwiebeln
4 Zehen junger Knoblauch in der Schale
3 EL gutes Sonnenblumenöl
125 ml Welschriesling
200 ml klare Gemüsesuppe
1 Stück Zitronenschale
2 EL Verjus-Basilikum-Senf vom Rohrauer
Salz
gezupfte Minze und Salbei zum Bestreuen

ZUBEREITUNG

1.
Karotten, Rüben und Petersilwurzeln dünn schälen und längs halbieren oder vierteln. Vom Spargel das holzige Ende abschneiden und die Jungzwiebeln zuputzen.
2.
Das Gemüse und die ganzen Knoblauchzehen in Öl 2–3 Minuten scharf anbraten. Mit Wein ablöschen, Suppe angießen, Zitronenschale hinzufügen und den Senf einrühren. Das Gemüse leicht salzen und 10 Minuten schmoren.
3.
Das Senfgemüse mit Kräutern bestreuen und heiß servieren.

Im „dazu Hofladen" werden nicht nur viele Honigsorten und Spezialhonige angeboten. Man erhält auch Chilipasten, Marmeladen, selbst gemachtes Ketchup, fruchtige Senfsaucen und süßen oder scharfen Senf aus Eigenproduktion. Ein Großteil der Zutaten zu den Senf-Variationen im „dazu Hofladen" stammt von einem befreundeten Bio-Bauern oder aus dem Garten von Annemarie und Georg. Der Rest wird aus 100 Prozent ökologischem Anbau von anderen Herstellern besorgt. Im „dazu Hofladen" gibt es mehrere unterschiedliche Senf-Produkte, die vom süßen Honigsenf über Apfel-Kren- und Chili-Senf bis hin zu Verjus-Basilikum-Senf reichen. Letzterer ist, wie ich finde, ein sehr guter Ersatz für den klassischen Dijon-Senf und kann ausgezeichnet in allen Rezepten verwendet werden, in welchen normalerweise Dijon-Senf verwendet wird.

VIII. Eier vom Biohof Tragler

Robert Tragler ist Biobauer in zweiter Generation. Das Gut seiner Eltern zählte zu den ersten Biohöfen Oberösterreichs. Spezialisiert hat sich die Familie Tragler auf Eier von Freilandhühnern. Im Hofladen auf dem Bauernhof nahe Pettenbach kann man sämtliche Produkte des Familienbetriebs erwerben und sich einen unmittelbaren Eindruck davon machen, wie gut es den Hühner geht.

Waldviertler®
Fortschritt
für Fußgänger

Auf dem Weg zu Bio

Der über 300 Jahre alte Hof der Familie Tragler ist ein Bauernhof im klassischen Sinn. Das alte Gebäude liegt eingebettet in das malerische Alpenvorland in Oberösterreich, nicht weit entfernt vom Dorf Pettenbach. Auf den ersten Blick wirkt die Umgebung so idyllisch, man könnte glauben, sie wäre der Vorstellungswelt einer Werbeagentur entsprungen. Die Felder, die von den Traglers bestellt werden, grenzen direkt an den Hof. Vom Bauernhof aus kann man daher immer sehen, was dort gerade wächst. Rund um das genau im Zentrum stehende Gebäude leben Schweine, einige Rinder und etwas mehr als 1 000 Freilandhühner. Diese verbringen den Großteil ihres Lebens auf den Wiesen rund um den Bauernhof. Christine Tragler, die Seniorbäuerin, empfindet den alten Hof als Geschenk. Wer freitags den Hofladen besucht, kann den gesamten Betrieb überblicken und wird dabei, als Gegenpol zum sonst so traditionellen Aussehen des Gutes, auch die kreativen Spuren der jüngeren Generation bemerken.

Aus dieser jüngeren Generation hat mittlerweile Robert Tragler junior gemeinsam mit seiner Freundin Janina Binder die Arbeit auf dem Hof übernommen. Dem klassischen, althergebrachten Bauernbild entspricht Robert mit seinen Tätowierungen so gar nicht. Das passt ganz gut zum angenehm weltoffenen Eindruck, den man hier schnell gewinnt. Zwar besuchte Robert die Landwirtschaftsschule, er war nebenbei aber auch Sänger einer Rockband und absolvierte eine Ausbildung für Naturpädagogik. So richtig schätzen lernte er den elterlichen Betrieb eigentlich erst aus der Ferne, während einer einjährigen Reise durch Südamerika. Von den vier Kindern der Familie ist er das einzige, das schließlich in der Landwirtschaft geblieben ist.

Die Kinder der Familie Tragler spielten auf dem Bauernhof immer eine große Rolle. Ihnen ist zum Teil auch zu verdanken, dass er heute zu den ältesten

Biolandwirtschaften der Region zählt. Begonnen hat die Geschichte des Betriebes mit Christine Tragler, die den alten Bauernhof von ihren Eltern geerbt hat. Dass eine Frau, trotz Bruder, einen Hof erbt, war damals schon sehr ungewöhnlich. Christine war allerdings – genau wie ihr Sohn heute – die Einzige, die sich wirklich in der Landwirtschaft engagierte und dementsprechend viel Arbeit investierte. Der alte Bauernhof der Großeltern war noch ein typischer Mischbetrieb mit sowohl Tieren als auch Äckern. Produziert wurde, wie das zu jener Zeit üblich war, eine Vielzahl unterschiedlicher Lebensmittel – von allem ein wenig. Nachdem Christine Tragler gemeinsam mit ihrem Mann Robert Tragler senior den Hof übernahm, spezialisierte man sich auf die Hühneraufzucht. Damit hatte dieser nämlich schon bei seinen Eltern in Oberschlierbach Erfahrung gesammelt. Bio steckte zu dieser Zeit in Österreich noch in den Kinderschuhen.

Die Idee, auf Bio umzusteigen, entstand erst langsam und hatte maßgeblich mit den Forderungen des Brutbetriebes, für den die Familie als „Aufzüchter" arbeitete, zu tun. Hühnerzucht und -aufzucht hatten sich mit den Jahren, im Zuge zunehmender Industrialisierung der Landwirtschaft, stark verändert. Huhn und Ei hatten unsere Märkte als Billigware erobert. Immer mehr Hühner sollten zu immer besserem Preis verkauft werden – eine enorme Aufgabe für die Landwirte, wenn man bedenkt, dass plötzlich viel mehr Hühner und Eier benötigt wurden, diese gleichzeitig aber weniger kosten sollten. Die enorme Nachfrage konnte nur mit bestimmten Produktionsmethoden befriedigt werden: Käfighaltung, künstliche Befruchtung, immer mehr Tiere auf immer kleinerem Raum. Familie Tragler wollte bei dieser Entwicklung irgendwann nicht mehr mitmachen. Da vor allem die älteren Kinder ihre Eltern dazu drängten, ein Biobetrieb zu werden, wurde die Landwirtschaft schließlich ganz umgestellt. Seither werden Hühner zum Eierlegen in extensiver Landwirtschaft gehalten. Die Gegend rund um

Schlierbach und Pettenbach ist für das „Schlierbacher Geflügel" mittlerweile übrigens bekannt und zählt zu jenen Regionen, in denen es besonders viele Biobetriebe gibt. Zu einem kleinen Teil ist das vielleicht auch ein Verdienst der weit verzweigten Familie Tragler.

Vom Ei zum Huhn

Noch im 19. Jahrhundert galt Hühnerfleisch als Luxus. Ein Blick auf die Speisekarten um die Jahrhundertwende zeigt, dass der Kapaun, also der kastrierte Hahn, manchmal sogar höhere Preise erzielte als die Edelteile vom Rind. Auch Eier und das Fleisch von Hühnern waren nicht immer so billig wie heute und schon gar nicht in solcher Menge verfügbar.

Im Gespräch mit Christine Tragler wurde mir langsam klar, dass meine Vorstellung davon, wie Hühner „produziert" werden, wohl am ehesten dem alten Mischbetrieb von früher entsprach. Ich war ziemlich erstaunt darüber, wie stark meine Vorstellungen von der Wirklichkeit abwichen. So hatte ich zum Beispiel keine Ahnung, was genau ein Aufzuchtbetrieb ist und worin der Unterschied zur Zucht oder zur Tierhaltung besteht.

Im Verlauf der Zucht eines Huhns gibt es in modernen Betrieben heute insgesamt fünf Stationen, die oft aus ganz unterschiedlichen Firmen und Bauernhöfen bestehen. Diese Arbeitsteilung hat damit zu tun, dass landwirtschaftlich genutzte Hühner mittlerweile fast ausschließlich Hybridzüchtungen sind. Man kreuzt die Tiere also, um bestimmte Eigenschaften, zum Beispiel ihre Legeleistung, zu steigern. Genau wie bei Saatgut verdankt sich diese Leistungssteigerung der Heterosis, jenem genetischen Effekt, der eintritt, wenn die Tiere nach einem bestimmten Verfahren in Inzucht gekreuzt werden. Für landwirtschaftliche Produktion „brauchbar" sind immer nur die sogenannten F1-Hybride. Sämtliche Generationen davor, aber auch jene danach verlieren die geschätzten Eigenschaften wieder. Die eigentliche Zuchtarbeit findet in einigen wenigen Großbetrieben statt. Dort werden die reinerbigen Großelterngenerationen „erzeugt". Aus dieser Großelterngeneration entsteht die Elterngeneration jener Hühner, die wir von den Bauernhöfen kennen. Diese werden in sogenannten Vermehrungsbetrieben, in der zweiten Station, großgezogen. Die dritte Station sind die Brütereien, in denen die Eier der Eltern landen. Aufgrund der starken Selektion auf Legeleistung haben Hybridhühner ihren Brutinstinkt nämlich größtenteils verloren, eine Aufgabe, die folglich vom Menschen übernommen wird. Auf diese Weise können außerdem mehr Eier auf einmal bebrütet werden und es fallen keine Hühner für die Eierproduktion aus. Aufgezogen werden die Hühner dann in den bereits erwähnten Aufzuchtbetrieben und kommen nach etwa fünf Monaten schließlich zu den Landwirten, der fünften und letzten Station.

Hybride Züchtungen haben auch im Tierreich einige Nachteile. Die Kritik daran lautet ähnlich wie jene, die wir schon von den Saatgut-Hybriden kennen und die von Vereinen wie der Arche Noah geübt wird. Wie bei Saatgut liegt auch die Zucht der Hühner nicht mehr in der Hand der Bauern. Dadurch geht Vielfalt verloren, die – ganz wie beim Saatgut – auch im Tierreich wichtig ist. Viele Rassen werden nicht mehr gehalten, weil sie als unwirtschaftlich gelten. Wenn es sie überhaupt noch gibt, dann oft nur, weil Hobbyzüchter sie aufgrund ihres bunten Federkleides gehalten haben. Solche Hühnerrassen müsste man in aufwendiger Zuchtarbeit erst wieder für die Landwirtschaft tauglich machen. Hybride Züchtungen sind selbstverständlich patentiert, ihre Zucht ein wohlgehütetes Geheimnis. Ein Großteil der Tiere, die im deutschsprachigen Raum gehalten werden, geht auf nur noch zwei Züchtungen zurück, ein Masthybrid für Fleisch, ein Legehybrid für Eier. Weltweit gibt es gerade einmal vier Anbieter für Legehybride und vier Anbieter für Masthybride! Auch für die Tiere selbst hat die Selektion auf hohe Leistung negative Auswirkungen: Ihre Hirnleistung ist verkümmert, Instinkte gehen verloren und es kommt zu Missbildungen. Hühner für die Fleischproduktion etwa wachsen derart schnell, dass sie am Ende ihres kurzen Lebens kaum mehr aufrecht stehen können. Da bei Legehybriden auch Hähne schlüpfen, diese aber zu wenig Fleisch ansetzen, um ökonomisch wertvoll zu sein, werden sie gleich als Küken am Fließband durch Rotationsmesser oder Gasanlagen „entsorgt". Bei den Masthybriden ist die Situation ähnlich. Auch hier werden die Hähne schon als Küken getötet, allerdings deshalb, weil der Tierschutz es verbietet, sie ohne Betäubung zu sterilisieren. Hybridhühner werden leider auch in der Bioproduktion verwendet, was zu zusätzlichen Problemen führt. Ein Legehybrid benötigt, um seine Höchstleistungen zu erbringen, eine enorme Menge an eiweißhaltigem Futter. Erhalten die Tiere zu wenig Eiweiß, werden sie aggressiv. Es kommt zu Federkannibalismus, bei dem sich die Tiere gegenseitig verletzen, was wiederum zu Krankheiten und Entzündungen führt. Mit reinem Biofutter kann man diesen hohen Bedarf bis heute nicht abdecken, weshalb in der EU bis 2017 die sogenannte Fünf-Prozent-Regel gilt, die es erlaubt, den Tieren auch konventionelles Futter zu geben. Ihre extreme Leistung bringen Hybride außerdem nur ein Jahr lang. Danach werden sie an Tierverwertungsstellen weiterverkauft, wo sie zu Schmierölen, Seifen oder Tierfutter verarbeitet werden.

Vom Huhn zum Ei

Familie Tragler setzt sich seit vielen Jahren für Verbesserungen bei Zucht und Haltung von Hühnern ein. Roberts Cousin Martin Tragler engagiert sich bei Bio Austria und konnte bereits ein Ziel verwirklichen: Im Biobereich dürfen ab 2015 die männlichen Küken nicht mehr getötet werden. Diese sollen stattdessen zehn Wochen lang gefüttert und danach

als Biofleisch vermarktet werden. Da diese Legehühner nur wenig Fleisch ansetzen, könnten sie zu Wurstwaren oder zu Suppenhühnern verarbeitet werden. Martin Tragler, der ebenfalls Legehennen hält, leistet außerdem Pionierarbeit, was das Futter seiner eigenen Tiere betrifft. Er füttert gekeimtes Getreide, das speziell aufbereitet wird und wesentlich mehr Eiweiß enthält. Die 100 Prozent für Biofutter hofft man in der Region deshalb schon bald zu erreichen.

Im Verband der Bauern vom „Schlierbacher Geflügel" wird mittlerweile die Vermarktung von Zweinutzungshühnern versucht. Das sind alte Rassen, die sowohl Eier legen als auch Fleisch ansetzen, allerdings viel langsamer wachsen und wesentlich weniger Eier und dadurch einen viel geringeren Ertrag bringen. Eine einfache Rechnung veranschaulicht, um welche Dimensionen es dabei geht: Hybridhühner legen im Vergleich zum Zweinutzungshuhn etwa doppelt so viele Eier in derselben Zeit. Beim Zweinutzungshuhn kann zwar zusätzlich das Fleisch vermarktet werden, es wächst allerdings viel langsamer als ein Masthuhn und kostet dementsprechend mehr. Da viele alte Rassen in den letzten Jahrzehnten oft nur aufgrund ihres Aussehens, nicht aber aus wirtschaftlichen Gründen gehalten wurden, verwerten sie Nahrung wesentlich schlechter als ihre Artgenossen. Die Bauern müssen also mehr füttern, erhalten dafür aber weniger Fleisch und Eier. Solche alten Rassen müssten in aufwendiger Zuchtarbeit erst wieder für die Landwirtschaft tauglich gemacht werden – eine langwierige und vor allem kostspielige Aufgabe. Die Frage, die sich dabei stellt, ist daher: Wie viel ist uns als Konsumenten das Ei eines Zweinutzungshuhnes wert? Und wer fragt den Metzger, von welcher Hühnerrasse genau sein Fleisch kommt? Ohne eine neue Esskultur, in der vor allem wir bereit sind, für nachhaltig wachsendes Fleisch deutlich höhere Preise zu zahlen, ist Eierproduktion ohne Hochleistungshybride unmöglich.

Zu alledem kommt selbstverständlich noch die Art und Weise, wie die Tiere gehalten werden. Robert Traglers Tiere, auch seine Schweine und Rinder, sind von Mai bis Oktober auf der Weide. Das hat auch für die Fleischqualität positive Auswirkungen. Eine Studie der Landwirtschaftsschule Sankt Florian hat ergeben, dass das Fleisch von Freilandschweinen etwa doppelt so viele essentielle Omega-3-Fettsäuren enthält wie jenes von konventionell gehaltenen Tieren. Auch Roberts Hühner leben einen Großteil des Jahres auf den ausgedehnten Wiesen hinter dem Hof. Voraussetzung dafür ist ein artgerechtes Umfeld. Damit die scheuen Tiere den großen Auslauf auf dem Hof überhaupt annehmen, gibt es zahlreiche Obstbäume und Büsche als Deckung. Hätten die Tiere diesen Schutz vor natürlichen Feinden wie Raubvögeln nicht, so würden sie, auch wenn sie hinaus könnten, aus Angst im Stall bleiben. Aufgrund ihrer freien Haltung und der Art und Weise, wie die Tiere gefüttert werden, sind sie viel weniger schreckhaft als ihre konventionell gehaltenen Artgenossen. Daran erkennt man, dass es ihnen gut geht. Wer den Traglerhof einmal besucht, wird bemerken, dass die Hennen dort richtiggehend neugierig sind. Besucher werden nach nur wenigen Minuten Gewöhnungszeit freundlich pickend begrüßt.

Der Hofladen

Als die Familie Tragler in den Achtzigerjahren auf biologische Landwirtschaft umstellte, stand sie vor der Schwierigkeit, plötzlich neue Abnehmer für ihre Waren finden zu müssen. Die Brüterei war als Großkunde weggefallen, man musste also neue Märkte erschließen. Direkt auf dem Bauernhof wurde ein anfangs noch sehr kleiner Hofladen eingerichtet, den Christine Tragler und Janina Binder betreuen. Robert Tragler senior lieferte die Erzeugnisse des Bauernhofs schon in dieser Anfangszeit bis nach Wien. Dort hatte man, dank des Verbandes Kritische Tiermedizin, Kontakt zu vielen kleinen Bioläden bekommen. Einmal die Woche belud er seinen Wagen und fuhr einzeln zu jedem der etwa 35 Läden, oft mit eigenem Schlüssel – ein enormer Aufwand. Ausliefern, Kochen, Putzen, die Arbeit im Büro und der Verkauf – Christine Tragler fragte sich zu dieser Zeit oft, wann genau sie eigentlich noch Bäuerin sei. Die österreichische Gewerbeordnung macht es den direktvermarktenden Bauern zudem nicht gerade einfach. So gibt es zum Beispiel die Trennung von Urprodukten wie Kartoffeln oder Eiern und bearbeiteten Produkten, also Speck, Käse etc. Alles, was veredelt wird, gilt als Nebenerwerb. Will man im eigenen Hofladen auch Produkte anderer Bauernhöfe aus der Region verkaufen, so muss man zusätzlich ein Gewerbe anmelden. Unterstützung gab es in den Anfangsjahren weniger von der Landwirtschaftskammer als von Organisationen wie dem Bildungshaus SPES oder der landwirtschaftlichen Fachschule aus Schlierbach, die beide schon sehr früh den Bio-Gedanken befürworteten.

Obwohl die Traglers nun seit vielen Jahren gut etabliert sind, Herausforderungen gibt es stets neue. In Wien etwa werden viele kleine Bioläden von großen Bio-Ketten verdrängt. Die Lieferbedingungen für diese Großabnehmer sind freilich ganz anders als für Kleinabnehmer. Vieles an den Großkunden ärgert Robert Tragler. Zum Beispiel, dass er seine Eier nach Wien liefert, diese zum Verpacken nach Passau geschickt werden und schließlich wieder in Wien verkauft werden. Umso mehr freuen ihn deshalb selbst organisierte Abnehmer wie die regionalen Food Coops „Güterwege", „die Speis" oder der „Fairteiler". Heute hat die Familie mehrere Absatzwege: den Hofladen, den Biogroßhandel und viele kleine Bioläden aus der Region und auch in Wien.

Robert Traglers Hühner landen nach ihrem Jahr als Legehennen übrigens nicht in der Tierverwertung. Er sucht in mühevoller Arbeit private Abnehmer für seine Tiere und ist damit so erfolgreich, dass ein Großteil seiner Hennen jedes Jahr ein neues Zuhause findet.

Diese Tiere legen zwar weniger Eier, für eine Privatperson ist das aber trotzdem genug. Wenn dann immer noch Hühner übrig bleiben, werden auch diese verwendet, ganz klassisch als Suppenhuhn. Im Hofladen auf dem Bauernhof kann man diese Suppenhühner, solange der Vorrat reicht, kaufen.

Biohof Tragler Infos

Der Hofladen auf dem Bauernhof in Pettenbach ist immer am Freitagnachmittag geöffnet. Die Produkte der Familie Tragler erhält man aber auch in Bioläden der Region, sie werden an Food Coops geliefert und können in Bio-Läden und Bio-Supermärkten gekauft werden. Unter dem Label „Schlierbacher Geflügel" werden Eier- und Hühnerfleisch der Region vermarktet – allerdings sind nicht alle Mitglieder auch Bio-Betriebe, man sollte also nachfragen.
Auf dem Bauernhof bei den Traglers erhält man außerdem Fleisch von Freilandschweinen und -rindern. Diese werden auf dem Bauernhof einen Großteil des Jahres über extensiv, also mit viel Platz im Freien, gehalten. Die jungen Schweine leben in der Nähe der Hühner im Schatten eines kleinen Wäldchens. Die älteren Tiere haben eine eigene, weitläufige Wiese mit Obstbäumen, Kräutern und anderen Pflanzen, die sie nach Lust und Laune selbst ernten können.
Im Hofladen bekommt man zusätzlich eine große Auswahl unterschiedlicher Waren aus Eigenproduktion und von benachbarten Biobauern: Kartoffeln, Sonnenblumenöl, Teigwaren aus eigenen Rohstoffen und mehrere besondere Getreidesorten – unter anderem Ibners Rotkorn, eine moderne Biozüchtung von Hans Gahleitner. Auch Roberts Schweine werden übrigens mit einer von Hans Gahleitner entwickelten Biosorte, mit der Bioro Ackerbohne gefüttert.

Friedhubstraße 11 A, 4643 Pettenbach
Telefon: +43 (0) 7586 8688
biohof-tragler@gmx.at

Schneenocken auf Rhabarber-Kompott

für 4 Personen

ZUTATEN

Rhabarber-Kompott:

700 g Rhabarber
200 g Kristallzucker
1 kleines Stück Zimt
1 Sternanis
1 Vanilleschote, längs halbiert
ein kleines Stück Zitronenschale
ein kleines Stück Orangenschale
200 ml Wasser

Schneenocken:

7 Eiweiß von sehr frischen Eiern
1 Prise Salz
220 g Feinkristallzucker

ZUBEREITUNG

1.
Das Backrohr auf 180 °C Umluft vorheizen.
2.
Für das Kompott den Rhabarber in 2–3 cm lange Stücke schneiden und flach auf einem kleinen, tiefen Backblech verteilen.
3.
Den Zucker mit den restlichen Zutaten in einen kleinen Topf geben und ohne umzurühren zu einem Sirup einkochen.
4.
Den Sirup durch ein Sieb über den Rhabarber gießen, das Blech mit Alufolie bedecken und im Backrohr 15 Minuten garen.
5.
Für die Nocken in einem flachen, breiten Topf leicht gesalzenes und gezuckertes Wasser auf 80–85 °C erhitzen.
6.
Das Eiweiß in einer großen, fettfreien Schüssel schaumig-luftig aufschlagen. Den Zucker in einem dünnen Strahl in das Eiweiß rieseln lassen, während mit dem Handmixer kreisförmig weiter geschlagen wird. Zu festem Eischnee fertig schlagen.
7.
Am besten mit einer Teigkarte kantige Nocken aus dem Eischnee stechen, bei circa 80 °C in das heiße Wasser setzen und 4 Minuten garen. Das Wasser darf nicht kochen! Die Nocken auf die nächste Seite wenden und weitere 4 Minuten ziehen lassen. Zuletzt auf die dritte Seite wenden und nochmals 4 Minuten garen.
8.
Das Rhabarber-Kompott in tiefen Tellern verteilen und je eine Schneenocke daraufsetzen.

Tröpferlschmarren mit Erdbeeren und Schlagobers

für 4–6 Personen

ZUTATEN

120 g glattes Mehl
140 ml Milch
4 Eier
1 EL Kristallzucker
1 TL Vanillezucker
1/2 TL abgeriebene Orangenschale
1 Prise Salz

außerdem:

Öl zum Backen
Staubzucker zum Bestreuen
500 g Gartenerdbeeren
250 g eiskaltes Obers, geschlagen

ZUBEREITUNG

1.
Mehl mit Milch glatt rühren. Dann die Eier und die restlichen Zutaten einrühren. Den Teig 15 Minuten rasten lassen.

2.
In einem Topf 3 cm hoch Frittieröl erhitzen und den Teig von einem Löffel nach und nach eintröpfeln. Sobald eine Portion goldbraune Farbe genommen hat, mit einem Siebschöpfer aus dem Fett heben und auf Küchenpapier abtropfen lassen. So weiter verfahren, bis der Teig aufgebraucht ist.

3.
Den Tröpferlschmarren auf den Tellern verteilen und mit Staubzucker bestreuen. Mit frisch gepflückten Erdbeeren und geschlagenem Obers servieren. Wir haben das Gericht noch mit Minzeblüten garniert.

Unser Tröpferlschmarren ist im Grunde genommen eine Variante des Kaiserschmarrens. Der Unterschied besteht vor allem darin, dass die Teigmasse nicht in der Pfanne gebraten, sondern löffelweise frittiert wird. Dadurch entstehen kleine Tröpfchen oder Fäden, je nachdem wie schnell man die Masse in das heiße Öl gibt. Das Resultat ist weniger flaumig als der klassische Kaiserschmarren, dafür aber sehr knusprig. Mit frischen Früchten ergibt das eine ausgezeichnete Nachspeise.

Tortilla Espagnola mit Kohlrabi

für 4 Personen

ZUTATEN

1 kg speckige Erdäpfel
1/2 TL Fenchelsamen
1/2 TL Kümmelsamen
1 mittelgroßer Kohlrabi
125 ml Olivenöl
6 große Eier
feines Meersalz

ZUBEREITUNG

1.
Die Erdäpfel in der Schale mit Fenchel und Kümmel nicht zu weich kochen und ausdampfen lassen. Die noch warmen Erdäpfel schälen und in dünne Scheiben schneiden.

2.
Den Kohlrabi schälen, halbieren und ebenfalls in Scheiben schneiden.

3.
In einer schweren Eisenpfanne 100 ml Olivenöl behutsam erhitzen, die Erdäpfel- und Kohlrabischeiben hinzufügen und bei moderater Hitze 10 Minuten braten.

4.
Die Eier in einer großen Schüssel mit Meersalz versprudeln, Erdäpfel und Kohlrabi zugeben, vermengen und ein paar Minuten ziehen lassen.

5.
Die Eisenpfanne nicht waschen, sondern nur mit Küchenpapier ausreiben. Darin das restliche Olivenöl erhitzen, die Tortillamasse eingießen, flach drücken und bei schwacher Hitze braten. Sobald die Unterseite eine golbraune Farbe genommen hat, die Tortilla vom Pfannenboden lösen, mithilfe eines Tellers wenden und fertig braten.

Tipp: Eine Tortilla lässt sich mit allerlei weiteren Zutaten verfeinern. Dazu eignen sich Kräuter, Käse, Schwammerl, Gemüse, getrocknete Würste und geräucherter Speck.

Die Tortilla Espagnola, auch Tortilla de Patatas, ist ein spanisches Omelett, das zusätzlich gekochte Kartoffeln enthält. In Spanien gilt es als Nationalgericht und wird als Hauptspeise, als Tapa, also als Appetithäppchen, und sogar im Bocadillo, im ganzen Sandwich, gegessen. Alexander hat, weil davon im Gemüsegarten der Traglers gerade reichlich da war, noch Kohlrabi dazugegeben.

Hühnersuppe mit Suppenhuhn

für 2 Liter Suppe

ZUBEREITUNG

1.
Zwiebeln und Knoblauchknolle halbieren und in einer Pfanne die Schnittflächen ohne Fett kräftig anrösten.
2.
Fenchel, Sellerie und Karotte in grobe Stücke schneiden. Die Tomaten vierteln, den Ingwer in Scheiben schneiden.
3.
Das Huhn innen und außen waschen. In einem großen Topf 3 Liter Wasser zum Kochen bringen und das Huhn einlegen. 20 Minuten kochen, dabei den auftretenden Schaum sparsam abschöpfen.
4.
Alle weiteren Zutaten dazugeben und die Suppe bei mittlerer Hitze eine Stunde köcheln lassen. Zu Beginn behutsam salzen, da sich der Salzgehalt durch das Einreduzieren auf natürliche Weise erhöht.
5.
Die Suppe durch ein feines Sieb in einen Topf passieren, dabei das Gemüse mit einem Schöpflöffel leicht ausdrücken.
6.
Dem abgekühlten Huhn die Haut abziehen und das Fleisch mit den Fingern vom Knochen lösen.
7.
Wer die Suppe entfetten möchte, lässt sie stark abkühlen. So kann man das Fett ganz einfach von der Oberfläche heben.

ZUTATEN

1 Suppenhuhn
2 halbierte Zwiebeln
1 halbierte Knoblauchknolle
2 Fenchelknollen
2 Selleriestangen
1 Karotte
3 Tomaten
1 walnussgroßes Ingwerstück
100 g kleine Champignons
2 Schreiben Zitrone
2 Lorbeerblätter
1 TL Koriandersamen
1 TL Fenchelsamen
1 rote Chili
Meersalz

Eine selbst gemachte Suppe sollte man eigentlich immer im Haus haben. Man kann sie als Zutat für viele weitere Speisen verwenden: Als Basis von Saucen, zum Kochen von Risotti und natürlich schmeckt sie wunderbar als eigenständige Mahlzeit. Im Grunde kann man so gut wie alle Gewürze und Zutaten nach Lust und Laune dazugeben.
Das Huhn, das wir für dieses Rezept verwendet haben, ist eigentlich ein Legehuhn. Es setzt deshalb nur sehr wenig Fleisch an. Da die Tiere nach schon einem Jahr geschlachtet werden, geschmacklich den fleischhaltigeren Tieren aber in nichts nachstehen, sind sie zum Zubereiten von Suppen ideal. Bei Robert Tragler erhält man Suppenhühner gefroren, solange der Vorrat reicht. Ich bin aber sicher, dass man auch bei anderen Bauern, die Eier verkaufen, Suppenhühner bekommt, wenn man nur danach fragt.
Zur späteren Verwendung macht man aus der Suppe einen Fond. Dafür einfach die Suppe stark einreduzieren lassen. Zum Schluss wird alles durch ein Sieb oder Leinentuch passiert. Wer mag, kann den Fond dann einfrieren, zum Beispiel in Eiswürfelbehältern. Dann hat man zugleich fertige Einzelportionen.

Gegrilltes Suppenhuhn

für 2–4 Personen

ZUTATEN

1 großes Suppenhuhn

Marinade:

5–6 Knoblauchzehen
4 EL körniger Dijonsenf
1 TL Paprika, edelsüß
2 EL Honig
Saft einer Zitrone
3 EL Olivenöl
Salz und Pfeffer

außerdem:

2 EL gehackte Kräuter
(Petersilie, Minze und Salbei)

ZUBEREITUNG

1.
Das Suppenhuhn sauber waschen und trocken tupfen, dann am Rückgrat entlang durchtrennen und auseinanderklappen.
2.
Den geschälten Knoblauch durch eine Presse drücken oder in einem Mörser zerreiben und mit den weiteren Zutaten zu einer Marinade verrühren.
3.
Die Haut des Huhns mit einem scharfen Messer an mehreren Stellen einschneiden und die Würzmarinade kräftig einreiben und einmassieren.
4.
Das Suppenhuhn auf dem Grillrost 10 Minuten lang sehr heiß angrillen, dann bei moderater Hitze fertig garen. Mit Kräutern bestreuen und heiß servieren.

Da Suppenhühner eigentlich Legehennen sind, setzen sie wirklich nur sehr wenig Fleisch an. Hungrigen sei also geraten, vielleicht doch auf eine andere Hühnersorte umzusteigen oder gegebenenfalls mehrere Suppenhühner zu nehmen. Selbstverständlich kann man statt eines Suppenhuhnes für dieses einfache Rezept auch ein Zweinutzungshuhn oder eines, das speziell für Fleisch gezüchtet wurde, verwenden. Je nachdem muss man die Mengenangaben für die Marinade leicht anpassen.

Fleisch & Fisch

Schnecke

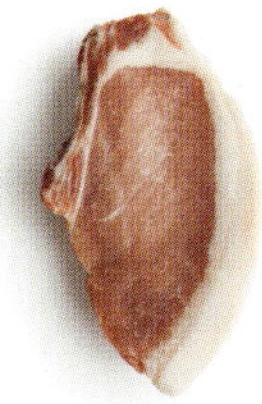

Schwein

Rind

Fisch

Kleine Betriebe, die sich auf die Produktion von Fleisch spezialisiert haben, gibt es mittlerweile viele. Man muss sie nur finden. Oft züchten sie etwas exotische Schweine- oder Rinderrassen. Genauso wie es beim Saatgut gehandhabt wird, werden auch viele alte Tierrassen heute nur noch wenig genutzt und gerade von Kleinbetrieben wieder neu entdeckt. Es lohnt sich, diese zu besuchen. Mit vier Produzenten habe ich über die Unterschiede ihres Betriebes zur konventionellen Produktion gesprochen. Sie erzeugen Schweinefleisch, Rindfleisch, Schnecke und Fisch. Da das Huhn als Eierlieferant schon im vorigen Kapitel behandelt wurde, finden sie im Folgenden keinen Hühnerzüchter mehr.

Die in den nächsten Kapiteln vorgestellten Rezepte kann man das ganze Jahr über zubereiten. Einige ergeben allerdings vor allem in den kälteren Jahreszeiten Sinn, denn Fische, insbesondere Karpfen oder Schleie, bekommt man ausschließlich im Herbst und Winter frisch. Auch die Schneckenernte findet zum Großteil im Herbst statt.

Traditionell reduzierte man auf Bauernhöfen im Winter den Tierbestand. Wirklich Saison hatte jede Art von Fleisch also eigentlich erst ab Herbst oder Spätherbst. Das ist auch deshalb sinnvoll, weil in dieser Zeit weder heimisches Gemüse noch Obst frisch verfügbar sind.

IX. Labonca Sonnenschweine

Labonca ist die altslawische Bezeichung des Flusses Lafnitz, übersetzt: die Weißglänzende. Im Lafnitztal leben Norbert Hackls Sonnenschweine das ganze Jahr über im Freien. Im Hofladen im Ortszentrum des steirischen Burgau bekommt man Frischfleisch, hausgemachte Wurstspezialitäten und Bio-Angebote aus der Region. Ein besonderes Projekt ist der Weideschlachthof, auf dem die Tiere ganz ohne Transport schonend geschlachtet und verarbeitet werden. Finanziert wird das Vorzeigeprojekt vor allem durch die langfristige Beteiligung der Kunden Laboncas.

Suhlen und Wühlen

Als ich ins steirische Lafnitztal zu Labonca reiste, war Schweinehaltung gerade ein großes Thema. Im Radio während der Fahrt hörte ich, dass in der Steiermark einem Landwirt der Bau von Großställen verboten worden war. Anrainer hatten sich über die enorme Geruchsbelastung in der Umgebung beschwert und vor Gericht Recht bekommen. Derart vorgewarnt, verbannte ich die romantische Vorstellung fernsehtauglicher und glücklicher Ferkel vorsorglich aus meinem Kopf. Wieso sollten Bio-Schweine auch anders riechen als ihre konventionell gehaltenen Artgenossen? Norbert Hackls Betrieb hat meine, wie ich dachte, verklärten Vorstellungen aber sogar übertroffen.

Die Felder, auf denen die Burgauer Sonnenschweine leben, erinnerten mich ein wenig an ein Festivalgelände, besonders die Sonnensegel, die überall gespannt sind, um Schatten zu spenden. Von Schweinegeruch keine Spur. Ich fürchte, es ist keine Übertreibung zu sagen, dass es auf den meisten Musik-Festivals unangenehmer riecht. Auch von den Tieren bekam ich im ersten Moment nur wenig mit. Ein einziges Schwein suhlte sich gemächlich in einem großen Teich am Waldrand.

Erst nachdem mir Norbert Hackl ein wenig über seine Tiere erzählt hatte, zeigten sich nach und nach die Bewohner Laboncas. Die ersten, die sich trauten, waren drei Ferkel, genauer gesagt, eine freche Schweinebande (S. 171). Die Neugierde der drei war so groß, dass sie, um mich zu schubsen, die Muttersau verließen, die im Schatten weitere Ferkel stillte. Als diese bemerkte, wie nahe ich ihr und ihren Jungen mit meiner Kamera gekommen war, wäre ich um Haaresbreite im oben genannten Teich gelandet. Das massige Tier sprang auf und rannte erschrocken auf mich zu. Meine instinktive Reaktion war glücklicherweise richtig: Ich fuchtelte mit den Armen in der Luft und befahl dem armen Tier – wie einem Hund – stehen zu bleiben. Die über 100 Kilo schwere Sau ließ sich sofort auf den Bauch fallen, grunzte noch einige Male beleidigt und fand sich damit ab, dass ich jetzt auch da war. Danach war das Eis gebrochen. Jetzt zeigten sich auch die anderen Tiere, deren Anzahl als Besucher aufgrund des weitläufigen Geheges nicht abzuschätzen ist.

250 Schweine leben das ganze Jahr über im Freien. Einen Stall im konventionellen Sinn gibt es nicht. Bei Labonca werden deshalb Schwäbisch-Hällische mit Duroc-Schweinen gekreuzt. Im Gegensatz zu Hausschweinen bekommen diese nämlich dank ihrer beinahe fellartigen Borsten keinen Sonnenbrand. Einziger Witterungsschutz sind die Sonnensegel und relativ kleine Erdaufschüttungen mit Holzdächern. Norbert Hackl erzählte mir, er habe die Schlafplätze der Tiere noch kein einziges Mal reinigen müssen – in über 10 Jahren! Schweine sind nämlich ausgesprochen reinlich, sie verrichten ihre Notdurft niemals, wo sie schlafen oder fressen. Am Labonca Biohof stehen den Tieren außerdem weitläufige Topinamburfelder zur Verfügung. Die Knolle dieser Pflanzen ist eine Delikatesse für Schweine und da diese es lieben, in der Erde zu wühlen, dürfen sie hier die Wurzeln selbst ausgraben. Jetzt wurde mir auch klar, weshalb ich anfangs so wenige von ihnen gesehen hatte. Zwischen den mannshohen, gelb blühenden Pflanzen (die Topinambur ist mit der Sonnenblume verwandt) bemerkt man sie kaum.

Artgerechte Haltung bedeutet für Norbert Hackl, den Tieren die Möglichkeit zu geben, sich frei zu bewegen und ihren Trieben zu folgen. Da sie sehr intelligent sind, haben sie ein ausgeprägtes soziales Gefüge. Die Intelligenz von Schweinen gleicht angeblich jener von Raben. Sie sind wesentlich klüger als Hunde und können sich Namen und Kommandos merken. Die drei Ferkel, die mich begrüßt hatten, zeigten mir außerdem, wie verspielt und neugierig diese Tiere sind. Dass sie auch sehr sensibel sein können, hat mir die oben erwähnte Muttersau beigebracht. Diese Sensibilität betrifft aber nicht nur Herde und Mutterinstinkt, sondern vor allem auch ihre ausgeprägte Reinlichkeit. Im Schlamm suhlen sie sich, um sich zu reinigen. Die eingetrocknete Erde kratzen sie dann an Bäumen ab, wodurch sie lästiges Ungeziefer loswerden. Das Suhlen hat aber noch eine weitere wichtige Funktion. Schweine können nicht schwitzen. Ihre Körpertemperatur regulieren sie deshalb am liebsten durch kalte Schlammbäder und kühle Erde. Sowohl die kleinen Tümpel als auch die ausgedehnten Topinamburfelder dienen also dazu, dass die Tiere ihre Bedürfnisse ausleben können. Auf dem Biohof Labonca können sie sich nach Herzenslust suhlen und wühlen und sogar selber ernten.

Die Topinambur ist natürlich nicht die einzige Nahrung der Sonnenschweine. Auf gutes Futter legt Norbert Hackl großen Wert. Er erzählte mir, dass das Fleisch konventionell gehaltener Tiere gelblich wird, wenn sie zu viel Mais erhalten, und es schmeckt dann auch anders. Mais füttert Norbert Hackl selbst gar keinen, das sei ihm zu gefährlich. Wer könne schon sagen, ob Mais, der in Massen produziert wird, nicht mit gentechnisch verändertem Saatgut verunreinigt ist? Auch die besonders in der Steiermark betriebene Mais-Monokultur ist dem Landwirt unsympathisch. Seine Tiere bekommen deshalb Weizen, Roggen und Gerste. Um ihren Eiweißbedarf zu decken – das ist wichtig, damit die Tiere Fleisch ansetzen –, bekommen sie Erbsen oder Pferdebohnen. So zu füttern ist nicht gerade billig: Mais trägt circa zehn bis zwölf Tonnen pro Hektar, Getreide nur etwa sechs. Soll das Getreide auch noch Bio-Qualität haben, muss man von noch einmal von rund 50 Prozent weniger Ertrag ausgehen.

Nicht nur das Futter macht die Produktion bei Labonca kostspielig – die Tiere leben (und fressen) um einiges länger als in der konventionellen Haltung. Schweine, die für die Schlachtbank bestimmt sind, werden nach etwa 15 Monaten geschlachtet und haben dann ein Gewicht von etwa 120 bis 150 kg. In der konventionellen Haltung werden die Tiere im Gegensatz dazu nur sechs Monate alt und wiegen dann bereits 110 kg.

Extensiv statt intensiv

Der Stallgeruch, von dem ich auf der Reise zum Biohof gehört hatte, wollte mir nicht mehr aus dem Kopf. Wie konnte es sein, dass ich in Burgau fast gar keinen Gestank wahrnehmen konnte, während intensiv gehaltene Tiere offenbar zum Himmel stinken, so sehr, dass eine ganze Nachbarschaft vor Gericht geht? Die Antwort Norbert Hackls: Platzmangel.

Laut Tierschutzgesetz muss ein Mastschwein mit 110 kg nur 1,10 Quadratmeter Platz haben, aber auch die Bio-Vorschriften sind nicht viel besser. Wenn es biologisch gehalten wird, müssen einem Schwein dieser Größe 1,30 Quadratmeter zur Verfügung stehen. Wer einmal ein über 100 kg schweres Schwein gesehen hat – insbesondere wenn es sich so frei wie am Biohof Labonca bewegen kann –, der weiß, wie qualvoll der Platzmangel für die Tiere sein muss.

Die Folgen sind mitunter katastrophal. Der Mangel an Möglichkeiten zum Abkühlen zwingt die sensiblen Tiere in den zu engen Ställen dazu, sich in ihren eigenen Ausscheidungen zu suhlen. Das ist die einzige Möglichkeit, die sie haben, um ihren Temperaturhaushalt auszugleichen. Fortschrittlichere Betriebe bauen mittlerweile zwar automatische Duschen in ihre Ställe ein, am eigentlichen Problem ändert das aber wenig.

Die große Menge an Tieren auf kleinstem Raum ist die Ursache des Geruchsproblems, denn eine derart hohe Zahl an Tieren produziert dementsprechend viel Gülle und Abfall. Schweinemist enthält das scharf riechende Gas Ammoniak, Methangase und Schwefelwasserstoff. In Extremfällen erkranken konventionell gehaltene Tiere deshalb durch den Kontakt mit ihren eigenen Ausscheidungen. Sie können Schleimhautreizungen und Durchfall bekommen oder sogar Verätzungen und Verbrennungen erleiden. Fällt die automatische Lüftung im Massenstall aus, wie das vor einigen Jahren auf einem österreichischen Hof der Fall war, so müssen die Tiere – oft sind es

Tausende – an ihren eigenen Ausscheidungen ersticken.
Der Ammoniak aus der Massentierhaltung stellt auch für angrenzende Ökosysteme ein ernsthaftes Problem dar. Er führt zu sauren Böden und reichert das Wasser mit unnatürlich vielen Nährstoffen an. Das wiederum führt zu extremer Algenbildung und wirkt sich negativ auf wild lebende Tiere aus. 95 Prozent aller Ammoniak-Emissionen stammen aus der Landwirtschaft. Den Hauptanteil daran haben Rinder- und Schweinehaltung.
Massentierhaltung hat noch einen weiteren Nachteil, der sich aus dem erhöhten Krankheitsrisiko der eng gehaltenen Tiere ergibt. Ohne das Zufüttern von Medikamenten wären intensive Haltungen richtiggehende Brutstätten für Bakterien. Da Bakterien und Viren mutieren, sich also an die Medikamente anpassen, brechen dennoch immer wieder Krankheiten aus, die sich, wie zuletzt in den großen Schweinefarmen der USA, zu richtiggehenden Epidemien ausweiten können. BSE, Vogelgrippe, Schweinegrippe und wie sie alle heißen, hängen unter anderem mit der industriellen Massentierhaltung zusammen. Große Pharmakonzerne entwickeln deshalb ständig neue, teure Impfstoffe, was am Kern des Problems selbstverständlich wieder nichts ändert. Leider ist das Geschäft mit den Impfstoffen ausgesprochen lukrativ. Sinnvolle Lösungsansätze liegen also kaum im Interesse der mächtigen Pharma-Lobbys. Auch der enorme Fleischkonsum in den Industrieländern ist Teil der Problematik. Dabei gäbe es, vorausgesetzt wir essen weniger Fleisch, ganz einfache Maßnahmen – weniger Tiere auf größerer Fläche zum Beispiel. Laut Norbert Hackl sollten pro Hektar Weidefläche gerade einmal zehn, maximal vierzehn Mastschweine leben. Statt intensiv sollte also extensiv, mit viel Platz, gewirtschaftet werden. Schwierigkeiten wie die oben genannten kann man damit viel leichter verhindern, und den Tieren geht es ungleich besser. Mutterschweine haben die nötige Ruhe für Nestbau und Geburten, die Tiere können sich suhlen, ihrem Wühlinstinkt folgen und spielen.

Das Weideschlachthaus

Wie die Haltung von Tieren, die als Nahrung dienen sollen, aussieht, will man oft gar nicht so genau wissen. Noch weniger gern beschäftigt man sich mit einer weiteren Notwendigkeit – dem Schlachten. Es gibt Menschen, die es zuwege bringen, Tiere auf dem Bauernhof zu bemitleiden und gleichzeitig eine Wurstsemmel zu essen. Seit wir Lebensmittel industriell herstellen, haben wir ihre Herkunft und Machart so weit aus den Augen verloren, dass der Abstand zwischen Wurst und Tier offenbar zu groß geworden ist, um den Zusammenhang noch wahrzunehmen. Doch Produktion, Verteilung und Kulinarik gehören zusammen.
Viele in kleinerem Umfang produzierende Landwirte wie Labonca versuchen mithilfe von Kochkursen oder Führungen durch ihre Höfe genau diese Zusammenhänge wieder sichtbar zu machen. Einer der Partner von Labonca ist der Schokoladefabrikant Zotter. Er hat zu diesem Zweck sogar einen „essbaren Tiergarten" eröffnet. Das Motto Josef Zotters lautet: „Schaut dem Essen in die Augen." Das mag grausam klingen, sollte aber eine Selbstverständlichkeit sein, denn Fleisch ist eben kein abstraktes, in Plastik eingeschweißtes Produkt, es war einmal ein lebendes Wesen. Die Familie Hackl hatte deshalb im Jahr 2004 sogar eine Schule gegründet, die leider aus finanziellen Gründen 2012 wieder geschlossen werden musste. Das Engagement des Landwirtes ist dennoch beeindruckend. Selbstverständlich betrifft es auch die Art und Weise, wie seine Tiere geschlachtet werden.
Derzeit werden die Sonnenschweine noch in einem nahe gelegenen Schlachtbetrieb getötet. Der Fleischer Erwin Tschogreiter, er ist fester Bestandteil von Labonca, verarbeitet das Fleisch nach alter Tradition. Es ist wichtig, dass die Tiere die Leute, die sie vor dem Schlachten betäuben, kennen. Andernfalls bekämen sie schon im Vorfeld Angst. Da Erwin Tschogreiter direkt auf dem Hof arbeitet, ist er den Schweinen kein Fremder. Vielleicht noch wichtiger als die Vertrautheit zu den Tieren ist, dass dem Metzger genügend Zeit zur Verfügung steht, sein Handwerk auszuüben. Was wie eine Selbstverständlichkeit klingt, ist in den immer größer werdenden konventionellen Schlachtereien mittlerweile zum Problem geworden. Diese verarbeiten eine enorme Menge an Tieren unter erheblichem Zeitdruck. Die ohnehin schon verängstigten Schweine werden aus Zeitmangel deshalb oft schlecht betäubt und erleben so ihre eigene Schlachtung mit. Auch biologisch gehaltene Tiere werden übrigens in solchen Großschlachtereien unter exakt den gleichen Bedingungen wie ihre Artgenossen aus konventionellen Betrieben getötet. Das muss aber nicht so sein, ist Norbert Hackl überzeugt. Mithilfe seiner Kunden und einiger Partner – zum Beispiel Josef Zotter – hat er deshalb das Projekt „Weideschlachthaus" lanciert.
Das Weideschlachthaus ist ein ehrgeiziges Projekt, denn es geht um nicht weniger als das Etablieren eines „neuen tierschutzkonformen Standards", wie man auf der Labonca-Homepage lesen kann. Im Grunde genommen ist das Weideschlachthaus eine große Weide, in deren Mitte ein etwa 250 Quadratmeter großes Haus stehen soll. Darin befindet sich alles, was zum Schlachten notwendig ist: Technik, Kühl- und Verarbeitungsräume. Betäubt werden die Tiere draußen auf der Weide, direkt am Futterplatz, der an das Gebäude angrenzt. Die umliegenden Weiden wiederum sind so strukturiert, dass auch Tiere von anderen Betrieben schon Tage vor der Schlachtung angeliefert und parallel verschiedene Tiere (Rinder, Schweine usw.) dort gehalten werden können, ohne sich gegenseitig Stress oder Angst zu machen. Erwin Tschogreiter verarbeitet das Fleisch dann direkt im Haus, wodurch sämtliche Produktionsräume an einem Ort sind.
Eines der Probleme beim Verkauf von Frischfleisch ist, dass vor allem Gustostücke gekauft werden. Ginge es nach den Konsumenten, würde ein Schwein nur aus Filet bestehen. Bei Labonca

werden neben Frischfleisch deshalb auch Rohwürste und Brühwürste erzeugt. Damit kann man dann auch Fleisch verwerten, das frisch nur selten genutzt wird. Gemeinsam mit Journalisten und dem ehemaligen Haubenkoch Franz Wirth hat man eine Zeit lang auch versucht, traditionelle Teilstücke zu vermarkten. Das Tolle an kleinen Betrieben wie Labonca ist, dass man beim Schlachtermeister die gewünschten Teile direkt bestellen kann. Die hohe Qualität ermöglicht, sich an eher ausgefallene Fleischteile zu wagen: Ossobuco vom Bein, Fledermaus oder Schalblattl vom Kreuzbein und Schweinegoder vom Hals sind wahre Delikatessen! Dank des Duroc-Anteils der Mastschweine von Labonca ist das Fleisch besonders zart marmoriert. Schlögelteile wie die „Nuss" oder der „Schluss" eignen sich wunderbar für Steaks á la minute. Da die Schweine viel Auslauf haben, lässt Erwin Tschogreiter die Teilstücke, wenn es Zeit und Bestellmenge erlauben, vakuumiert reifen. Dann ist das Fleisch zwar etwas weniger lang haltbar, schmeckt dafür aber besonders zart.

Die Herstellung von Brühwürsten erfolgt bei Labonca ganz ohne Zugabe künstlicher Hilfsmittel, das heißt ohne Phosphat. Hier zeigt sich, dass das Weideschlachthaus mit seiner Infrastruktur auch kulinarische Vorteile bringt, denn ohne Phosphat kann nur produziert werden, wenn das Fleisch der Tiere noch schlachtwarm verwendet wird. Verarbeitet man das sogenannte Warmbrät innerhalb der ersten 70 Minuten nach der Schlachtung, so enthält das Fleisch genügend natürliches Phosphat und lagert außerdem wertvolle Geschmacksstoffe ein.

Rohwürste versetzt man auf dem Biohof mit Edelschimmel und Kräutern. Die Würste reifen an der Luft immer am selben Ort, der Raum enthält also schon die notwendigen Schimmelkulturen. Während des Lufttrocknens findet die natürliche Fermentation der Würste durch Milchsäurebakterien statt. Diese Fermentation macht etwa Salamis so lange haltbar und verleiht ihnen, wenn sie lange genug reifen, einen Teil ihres Aromas. In der industriellen Produktion wird mit ganz anderen Mitteln gearbeitet: Haltbar gemacht werden Würste durch übergroße Zugabe von Nitritpökelsalz. Mit künstlichen Schnellreifemitteln versucht man, die Produktion zu beschleunigen und der säuerliche Geschmack wird durch Zugabe von Zitronensäure erzielt. All das vermeidet Erwin Tschogreiter. Deshalb reifen die Würste, solange sie eben brauchen, im Naturdarm, dem sogenannten Bimmerling, vom Rind. Dieser ist in Österreich gar nicht mehr so einfach zu bekommen, der letzte österreichische Darmputzer, so erzählte man mir, sei vor Kurzem in Pension gegangen. Sollte man keinen Nachfolger finden, wäre man gezwungen, Naturdärme aus der Türkei oder aus Argentinien zu importieren. In Europa stirbt der eher unbeliebte Beruf mittlerweile aus.

Genuss-Scheine

Projekte wie das Weideschlachthaus benötigen hohe Summen, die ohne Kredite nicht aufzubringen sind. Einen Kredit im normalen Sinn wollte Norbert Hackl aber nicht aufnehmen. Statt einer Bank hohe Zinsen zu zahlen, gibt er das Geld lieber seinen Konsumenten, die er deshalb in die Finanzierung des Weideschlachthauses einbezogen hat. Um 1 000 Euro kann man bei Labonca einen sogenannten Genuss-Schein kaufen. Den Gegenwert bekommt man verzinst in zehn Raten in Form von Naturalien. Technisch gesehen handelt es sich dabei also um keinen Kredit, sondern um einen „Gutschein-Vorausverkauf mit Rabattgewährung". Die Produkte von Labonca erhält man auf Bestellung in beinahe ganz Österreich und natürlich ab Hof in der Steiermark. Im Vertrieb ist man ständig auf der Suche nach Verbesserungsmöglichkeiten – aktuell denkt man über die Option nach, Fleisch per Versand zu schicken.

Betrieben wie Labonca wird immer wieder vorgeworfen, dass ihre Produkte sehr teuer seien. Wenn man die Produzenten besucht und sich zeigen lässt, wie aufwendig eine wirklich tiergerechte und nachhaltige Produktion ist, wird aber schnell deutlich: Fleischprodukte aus konventioneller Erzeugung sind viel zu billig. Man sollte bedenken, wie viele Kilogramm Futter benötigt werden, um ein Kilogramm Fleisch zu erzeugen – allein dieses Missverhältnis sollte Fleisch zu einem Luxusartikel machen. Dazu kommen die vielen Probleme, die die Massentierhaltung mit sich bringt. Wer qualitativ hochwertiges Fleisch will, das möglichst nachhaltig und für die Tiere schonend erzeugt wurde, muss sich darüber im Klaren sein: Gutes Fleisch hat seinen Preis. Der hohe Aufwand, den manche kleinen Biobetriebe betreiben, lohnt sich nicht nur für die Tiere. Futter, Haltung und Art der Schlachtung haben einen wesentlichen Anteil an der Qualität des Fleisches. Das macht sich, wie wir finden, sogar beim Kochen bemerkbar. Für den Rezeptteil dieses Kapitels haben wir bewusst einige weniger gebräuchliche Teile vom Schwein ausgewählt. Am besten gelingen diese Rezepte vor allem dann, wenn die Qualität der Zutaten möglichst hoch ist.

Labonca Infos

Frischfleisch, Würste, Speck und Pasteten von Labonca erhält man auf Bestellung und in ausgewählten Bioläden in beinahe ganz Österreich. Da sich die Lieferbedingungen oft ändern und stets verbessert werden, fragt man am besten vor Ort nach. Nach Wien und Graz gibt es derzeit regelmäßige Fleischlieferungen, die man online bestellen kann. Mittlerweile werden die meisten Produkte auch per Versand nach ganz Österreich vertrieben. Betriebsführungen auf dem Biohof Labonca kann man Freitag ab 10 Uhr und Samstag ab 13 Uhr nach Voranmeldung machen.

Hauptplatz 6, 8291 Burgau
Telefon: +43 (0) 3383 3349
office@labonca.at
www.labonca.at

Goderl auf Zwetschken-Mirabellen-Spiegel

für 4 Personen

ZUTATEN

2 Goderl vom Schwein
Salz, Pfeffer
30 g zerlassene Butter
500 g Zwetschken
300 g Mirabellen
2 rote Zwiebeln
1 Schuss Portwein
125 ml Sekt
1 Zweig Rosmarin
1 TL echter Vanillezucker

ZUBEREITUNG

1.
Das Backrohr auf 200 °C Umluft vorheizen.
2.
Die Speckseite der Goderl mit einem scharfen Messer einschneiden und mit Salz und Pfeffer bestreuen. In einer ofenfesten Pfanne die Goderl mit Butter übergießen und in den Ofen schieben. Die Temperatur auf 120 °C senken und die Goderl eine Stunde lang braten. Öfters mit Butter übergießen.
3.
Zwetschken und Mirabellen halbieren und die Kerne entfernen. Die Zwiebeln sehr fein hacken.
4.
Die Goderl aus der Pfanne heben und auf dem Ofengitter bei 90 °C warm halten.
5.
Die Zwiebeln im Bratensatz bei moderater Hitze hellbraun anschmoren. Mit Portwein ablöschen und mit Sekt aufgießen. Rosmarin und Vanillezucker einrühren und die dabei entstandene Sauce auf die Hälfte einreduzieren. Zwetschken und Mirabellen in die Pfanne geben und weitere 10 Minuten leicht schmoren.
6.
Die Goderl unter dem Grill des Backofens auf Sicht knusprig anbräunen.
7.
Den Fruchtspiegel in tiefen Tellern anrichten. Die Goderl in Stücke schneiden und auf den Früchten platzieren.

Tipp: Dazu passen Duftreis oder ein leichtes Erdäpfelpüree, mit Zitronenschale parfümiert.

Schweinsgoderl stammen vom Kinn des Schweines und schmecken nur gut, wenn das Fleisch wirklich beste Qualität hat. Das mag mitunter einer der Gründe sein, weshalb man sie herkömmlich verwurstet und sie selten im Ganzen verwendet werden. Kauft man sie, ohne zu wissen, wie die Tiere gelebt haben und wie sie geschlachtet wurden, so riskiert man, dass dieses Rezept nicht gelingt. Das Goderl „schweindelt" dann unter Umständen sehr stark und das Fett könnte einen unangenehmen Beigeschmack haben. Ein Schweinsgoderl besteht zum Großteil aus Fett, das ein ausgezeichneter Geschmacksträger ist, in dieser Form aber wohl vor allem etwas für Liebhaber darstellt. Wenn die Qualität des Fleisches wirklich gut ist, so zergeht es im Mund wie Butter. Alexander hat als Beilage für dieses Gericht nur auf Früchte zurückgegriffen. Diese ergänzen den zart-buttrigen Geschmack des Goderls ganz ausgezeichnet.

Ossobuco vom Schwein

für 4 Personen

ZUTATEN

2 Zwiebeln
3–4 Knoblauchzehen
1 Karotte
2 Stangensellerie
4 große, dicke Scheiben Schweinshaxe
Salz, Pfeffer
3 EL glattes Mehl
4 EL Olivenöl
125 ml guter Weißwein
125 ml klare Hühnersuppe
2 Lorbeerblätter
je ein Stück Zitronen- und Orangenschale
600 g reife Paradeiser
1 Spritzer Rotweinessig

außerdem:

gezupftes Selleriegrün

ZUBEREITUNG

1.
Das Backrohr auf 160 °C Umluft vorheizen.

2.
Das Gemüse schälen und in kleine Würfel schneiden. Die Schweinshaxenscheiben salzen, pfeffern und mit Mehl leicht stauben.

3.
Das Fleisch in Olivenöl scharf anbraten und aus dem Topf heben. Das Gemüse im Bratensatz kräftig anrösten. Mit Weißwein und Hühnersuppe aufgießen. Lorbeer und Zitronen- und Orangenschale beifügen und einmal aufkochen. Die Schweinshaxenscheiben einlegen, den Deckel aufsetzen und im Ofen eineinhalb Stunden schmoren.

4.
Die Paradeiser einschneiden, kurz in kochendes Wasser tauchen und häuten. Das Fruchtfleisch vierteln, entkernen und klein würfelig schneiden.

5.
Die Paradeiserwürfel in die Ossobucosauce rühren, mit Rotweinessig, Salz und Pfeffer abschmecken und zwei Minuten köcheln.

6.
Das Gericht anrichten und mit Selleriegrün garniert servieren. Dazu schmeckt eine cremige Polenta.

Ossbuco bedeutet wörtlich „Knochen mit Loch". Der Name bezieht sich eigentlich auf den Hohlknochen des Rindes, der im klassischen Ossobuco alla milanese verwendet wird. Bei uns kennt man die Schweinshaxe vor allem als gegrillte Stelze. Selten wird sie wie in Deutschland als gepökeltes und gekochtes Eisbein mit Sauerkraut serviert. In Suppe und Wein geschmort, ähnlich einem italienischen Ossobuco, findet man die Schweinshaxe bei uns allerdings nur selten – zu Unrecht, wie wir finden.
Um eine gute Schweinshaxe für ein Ossobuco zu bekommen, sollten Sie mit Ihrem Metzger reden. Wichtig ist, dass Sie die Schweinshaxe vom Metzger in Scheiben schneiden lassen. Den Knochen von der ganzen Haxe kann man zu Hause ohne passendes Werkzeug nur ausgesprochen schwer durchtrennen.

Bohneneintopf mit Bratwurst

für 4 Personen

ZUTATEN

100 g Wachtelbohnen
100 g weiße Bohnen
100 g schwarze Bohnen
2 Zwiebeln
3 Knoblauchzehen
1 rote Paprika
1 grüne Pfefferoni
4 grobe Bratwürste
3 EL Sonnenblumenöl
2 TL Rohrzucker
2 TL Paprika, edelsüß
1 TL Kreuzkümmel, gemahlen
1/2 TL Kardamom, gemahlen
3 EL Balsamico-Essig
1/2 Liter passierte Tomaten
Salz
frische Kräuter zum Bestreuen (Majoran, Petersilie, Minze)

ZUBEREITUNG

1.
Die Bohnen jeweils in einer eigenen Schüssel in reichlich Wasser 15 Stunden einweichen.

2.
Das Einweichwasser von jeder Bohnensorte wegschütten und die Bohnen jeweils in einem Sieb abbrausen. Die Bohnen je in einem passenden Topf weich kochen. Des Öfteren eine Garprobe machen. Damit die Bohnen bekömmlich sind, sollten sie wirklich weich sein, ohne dabei aber auseinanderzufallen. Danach sofort kalt abschrecken.

3.
Zwiebeln und Knoblauch fein hacken. Rote Paprika würfeln, die Peperoni in Ringe schneiden.

4.
Die Würste in einer schweren Pfanne in 1 EL Öl langsam knusprig braun braten. Die Würste dann aus der Pfanne heben. Das restliche Öl in den Bratensatz gießen und darin Zwiebeln, Knoblauch, Paprika und Pfefferoni anschwitzen. Zucker und Gewürze einrühren und alles auf kleiner Flamme zugedeckt 20 Minuten schmoren.

5.
Mit Balsamico ablöschen, passierte Tomaten und die Bohnen zugeben und 10 Minuten köcheln lassen. Mit Salz abschmecken, die Würste in den Eintopf legen und weitere fünf Minuten bei kleiner Hitze ziehen lassen.

6.
Mit Kräutern bestreut servieren.

Fledermaus vom Schwein mit gebackener Zucchiniblüte

für 4 Personen

ZUBEREITUNG

1.
Das Backrohr auf 90 °C Umluft vorheizen.
2.
Die Fleischteile sollten zum Kurzbraten Zimmertemperatur haben. Die Fledermausteile mit 2 EL Rapsöl einreiben und anschließend in 1 EL Öl auf jeder Seite ca. 3 Minuten scharf anbraten. Dann auf das Ofengitter legen, eine Abtropfwanne darunterschieben und das Fleisch im Backrohr garziehen lassen.
3.
Mehl, Maisstärke, Bier, Dotter, Salz und Zucker mit einem Schneebesen zu einem glatten, dickflüssigen Teig rühren und 10 Minuten rasten lassen.
4.
Den Fruchtteil der Zucchiniblüte mit einem scharfen Messer zu einem Fächer schneiden.
5.
Das Frittierfett ungefähr 2 cm hoch in eine tiefe Pfanne gießen und auf circa 180 °C erhitzen.
6.
Die Zucchiniblüten durch den Teig ziehen und im heißen Fett knusprig backen. Auf Küchenpapier abtropfen lassen.
7.
Die Fleischteile mit Blütensalz und Pfeffer bestreuen, mit Bratfett beträufeln und mit Zucchiniblüten und Chutney anrichten.

ZUTATEN

600 g Fledermaus vom Schwein
3 EL Rapsöl
Blütensalz und frisch gemahlener Pfeffer

Zucchiniblüten:

30 g glattes Mehl
30 g Maisstärke
125 ml kaltes Bier
1 kleiner Eidotter
feines Salz
1 Prise Staubzucker
4 Zucchiniblüten
Frittierfett zum Backen

außerdem:

Blütensalz
ein fertiges Chutney nach Wahl
(z.B. Feigenchutney S. 42)
Im Bild zu sehen ist ein
Tomaten-Chili-Chutney

Die Fledermaus vom Schwein ist ein besonders delikates und sehr zartes Teilstück. Wie viele andere Teilstücke kennt man dieses eher vom Rind, was wohl vor allem daran liegt, dass die Fledermaus vom Schwein oft gerade einmal für eine einzelne Portion reicht. Die Fledermaus ist sowohl beim Rind als auch beim Schwein ein Teil des Schlegels. Angeblich kommt der Name daher, dass die Struktur dieses Teilstücks, es ist etwas fettdurchzogerner als umgebende Teile, einer Fledermaus ähnelt. Anders als beim Rind sollte man die Fledermaus vom Schwein nicht kochen. Das wäre schade, denn sie eignet sich aufgrund ihrer Zartheit besonders gut zum Kurzbraten und Grillen. Da die Fledermaus vom Schwein in den Läden eher selten ist, unter Grillbegeisterten mittlerweile aber als Geheimtipp gilt, sollte man sie unbedingt vorbestellen.

Schweinsbraten mit Erdäpfelknödel

für 4 Personen

ZUBEREITUNG

1.
Karotte, gelbe Rübe und Petersilwurzel schälen und in Scheibchen schneiden. Den Lauch und die Zwiebeln in grobe Stücke schneiden, die Knoblauchzehen schälen und hacken.
2.
Das Backrohr auf 220 °C Umluft vorheizen.
3.
Den Schopf mit Salz und Pfeffer einreiben und in Öl rundum scharf anbraten. Das Fleisch aus der Pfanne heben und das Gemüse im Bratensatz kräftig anrösten. Kümmel- und Anissamen, Paprika und Tomatenmark kurz mit anschwitzen und mit Weißwein aufgießen. Traubensaft hinzufügen und die Sauce in eine passende Auflaufform umleeren. Das Fleisch mit Petersilie und Lorbeer in die Form geben und im Ofen 15 Minuten braten. Die Temperatur auf 150 °C senken und unter mehrmaligem Übergießen eineinhalb Stunden braten.
4.
Für die Knödel einen großen Topf mit Salzwasser zustellen.
5.
200 g Erdäpfel in der Schale kochen. Anschließend ausdampfen lassen und schälen. Die restlichen 800 g Erdäpfel schälen und möglichst flott fein reiben. Mit den Händen kräftig auspressen, den Saft in einer Schüssel auffangen. Die Erdäpfel mit Eidotter vermengen. Den Saft so behutsam weggießen, dass die Stärke am Schüsselboden kleben bleibt. Diese Stärke mit Salz und Kartoffelstärke unter die geriebenen Erdäpfel mengen. Die gekochten Erdäpfel durch eine Presse drücken und mit der Masse zu einem homogenen Knödelteig verarbeiten.
6.
Knödel formen und in Salzwasser unter dem Siedepunkt in 20 Minuten gar ziehen.
7.
Den Braten aus der Form nehmen und warm stellen. Die Sauce durch ein feines Sieb passieren und abschmecken. Den Braten in Scheiben schneiden und mit Sauce übergossen anrichten.

ZUTATEN

Schweinsbraten:

50 g Karotte
50 g gelbe Rübe
100 g Petersilwurzel
60 g Lauch
100 g Zwiebeln
3 Knoblauchzehen
1 kg Schweinsschopf
Salz, Pfeffer
2 EL Rapsöl
1 TL Kümmelsamen
1 TL Anissamen
1 TL scharfes Paprikapulver
1 TL Tomatenmark
1/2 Liter Weißwein
1/8 Liter Traubensaft
1 kleiner Bund Petersilie
1 Lorbeerblatt

Erdäpfelknödel:

1 kg mehlige Erdäpfel
2 Eidotter
1–2 EL Kartoffelstärke
Salz

X. Gorfers Natur Gourmet Rind

Reinhard Gorfer ist Koch der Spitzengastronomie. Das Familiengasthaus, ein alter, sorgsam renovierter Vierkanter, liegt in der Nähe von Steyr in Oberösterreich. Gekocht wird nur an den Wochenenden – und dann auf höchstem Qualitätsniveau. Der Rest der Woche ist bei den Gorfers der Rinderzucht gewidmet, die an Engagement und betriebenem Aufwand ihresgleichen sucht. Ab Hof kann man zu festgelegten Zeiten auch die Fleischspezialitäten vom „Natur Gourmet Rind" erwerben.

8

Gastronomie und Rinderzucht

In meinem Freundeskreis gehört zum guten Ton, immer wieder einmal eine gemeinsame kulinarische „Expedition" zu unternehmen oder Freunde mit einer „Restaurant-Entdeckung" zu überraschen. Oft wurde ich mit dem wohlwollenden Ratschlag, wo man gut essen könne, beinahe im Befehlston auf Reisen geschickt. So auch von meinem Freund und Fotografenkollegen Michael Langoth, der mir nahelegte, das Restaurant der Familie Gorfer in Oberösterreich zu besuchen.
Reinhard Gorfers Hof in Garsten wurde 1547 erstmals urkundlich erwähnt und befindet sich seit 1930 im Besitz der Familie. Von Beginn an hatte Reinhard sich dort der Spitzenküche zugewandt und im Lauf der Zeit zahlreiche Auszeichnungen dafür bekommen. Seine Frau Veronika ist stets an seiner Seite und versucht, mit ihm viele der zahlreichen Pläne umzusetzen. Und auch ihren Kindern macht es offensichtlich großen Spaß, immer und überall dabei zu sein. Die Speisekarte im „Gorfer Natur Gourmet" enthält eine Mischung, die mir und vielen meiner Freunde besonders liegt: einerseits Bodenständigkeit, andererseits elaborierte Küche. Die Preise sind in Anbetracht der gebotenen Qualität ausgesprochen günstig. Geöffnet hat das Restaurant allerdings nur an den Wochenenden, von Freitag bis Sonntag. Während der Woche betreibt die Familie nämlich eine Landwirtschaft. Viele der in der Gastronomie verwendeten Zutaten stammen aus dem eigenen bäuerlichen Betrieb. Am Hof gibt es mehr als 200 Obstbäume, einen paradiesischen Kräutergarten, Schweine, Shropshire-Schafe und vor allem Rinder. Frischfleisch vom Bio-Rind, selten auch vom Schaf, selbst gemachte Obstsäfte und -brände kann man daher auch ab Hof kaufen. Hinter diesen eigentlich zwei Betrieben steckt ein enormes Ausmaß an Enthusiasmus und Energie. Was Familie Gorfer bereits in jungen Jahren aufgebaut hat, ist wirklich beeindruckend.

Reinhard Gorfer hatte eigentlich nicht vorgehabt, Landwirt zu werden. Seine Leidenschaft galt lange Zeit der gehobenen Gastronomie. Auf die Landwirtschaft gekommen ist er als Koch im Restaurant „Tanglberg" in Vorchdorf. Inhaber des Tanglberg ist der beinahe legendäre Begründer des „Rungis-Express" Karl-Heinz Wolf. „Rungis", so heißt ein für seine exquisite Ware bekannter Pariser Großmarkt. Dort hatte Karl-Heinz Wolf schon in den Siebzigerjahren Lebensmittel bezogen, um sie in Deutschland an die gehobene Gastronomie zu liefern. Seine Vorliebe für ausgezeichnete Zutaten ist mindestens so sagenhaft wie er selber. Es konnte schon vorkommen, so erzählte mir Reinhard Gorfer, dass er nach einer Reise in Frankreich just ein ganz bestimmtes Rezept vorgesetzt haben wollte. Der Koch seines Restaurants musste dann innerhalb weniger Stunden sämtliche Zutaten beisammen haben – und das in höchster Qualität, denn die verarbeiteten Produkte mussten stets Spitzenware sein. „Ausschließlich für Feinschmecker" gründete Karl-Heinz Wolf unter anderem auch das Label LandArt, unter dem er eine eigene Rinderzucht betreibt. Seine Philosophie ist, sich einzig dem guten Geschmack unterzuordnen, nicht modernen Produktionsmethoden oder betriebswirtschaftlichen Zwängen.
Einen großen Teil dieser Philosophie hat sich auch Reinhard Gorfer zu eigen gemacht. Noch heute sagt er, dass er dem großen Fachwissen seines ehemaligen Chefs und vielleicht auch dessen Eigenart und Liebe zu den stets besten Lebensmitteln viel verdankt: den Fokus aufs Produkt. Die beiden Rinderrassen Galloway und Angus-Rind, die er heute selbst züchtet, lernte er bei LandArt kennen. Auch die Erkenntnis, dass es keine „minderwertigen" Fleischteile gibt, verdankt er seinem ehemaligen Chef. Voraussetzung ist freilich, dass Zucht, Reife und Verarbeitung perfekt zusammenspielen.
Schon bevor die Familie Gorfer den „Naturgourmet", wie die Besucher das Restaurant nennen, gründete, betrieb sie ein erstes eigenes Restaurant in Steyr. Im Taborturm wurde damals die ganze Woche über gekocht. Als die Familie beschloss, das Gasthaus dort aufzugeben, war klar: Ein neues Konzept muss her. Es sollte nicht mehr die ganze Woche gekocht werden. Es traf sich gut, dass Reinhard Gorfer zu jener Zeit den Hof in Garsten erbte. Viele Jahre lang hatte die Justizanstalt Garsten diesen gepachtet, um mithilfe von Freigängern Lebensmittel für den Eigenbedarf zu produzieren. Die stetig sinkenden Lebensmittelpreise und steigenden Personalkosten machten diese innovative Form des Strafvollzugs mit Selbstversorgung irgendwann aber so teuer, dass der Rechnungshof einen Stopp veranlasste. Danach begann Familie Gorfer, einzelne Wiesen in Hanglage selbst zu bewirtschaften.
Zu Beginn wurde auf dem Hof in Garsten überhaupt nur für zwei bis drei Tische gekocht, samstags und sonntags. Heute muss man Glück haben, überhaupt noch einen Tisch in der ausgesprochen gut besuchten Gastwirtschaft zu ergattern. Aber auch in der Fleischproduktion hat sich viel getan. Wurden in den Anfangsjahren etwa 70 Prozent des Fleisches aus Eigenproduktion in der Gastronomie verwendet und nur 30 Prozent verkauft, so landen heute nur noch 40 Prozent in der Gastronomie. Alles andere wird ab Hof verkauft.

Futter, das man schmeckt

Reinhard Gorfer ist wie seine Kollegen Robert Paget oder Norbert Hackl davon überzeugt, dass man schmeckt, womit man seine Tiere füttert. Er verwendet daher nur Futter, hinter dem er voll und ganz stehen kann. Das Vieh, das bei Gorfer geschlachtet wird, lebt von Geburt an auf dem Hof. Die ersten neun Monate bekommen die Tiere Milch, parallel dazu wird Heu gefüttert, damit die Rinder für sie notwendige Bakterien in ihren Mägen entwickeln. Das Heu stammt von den Wiesen rund um denVierkanter, die seit der Übernahme des Hofes aus Überzeugung biologisch bewirtschaftet werden.

Die Gorfers verwenden sogenanntes Belüftungsheu. Frisch von der Weide wird es von unten mittels aufwendiger Technik warm belüftet. Da es sich dabei um Tagesheu handelt, also jeden Tag frisch geerntet wird, ist es nicht vergoren und enthält keine schädlichen Pilze. Gorfers Schlachtvieh bekommt sein Leben lang Heu, das direkt vom Hof stammt. Im Winter sind die Tiere aufgrund des hohen Niederschlags und des eher milden Klimas im Stall. Der Grund dafür: Würden die Tiere auf den Wiesen bleiben, so trüge der lehmige Boden schon nach einem Winter kein Gras mehr. Die Wiesen würden zu graslosem Acker und bräuchten Jahre, um erneut genug Futter zu produzieren.

Derzeit wird auf dem Hof eine Kreuzung aus Galloway-Rindern, Angus-Rind und Fleckvieh gezüchtet. Jede Rinderrasse bringt andere Vorteile in die Zucht ein. Das Galloway-Rind ist robust und kalbt selbst bei Minusgraden, also problemlos auch im Frühjahr. Sein Fleisch ist feinfaserig und mürbe. Für den Fettanteil im Fleisch sorgen die Angus-Rinder, deren Fleisch schön marmoriert ist. Es enthält viel intramuskuläres Fett, also kleine Fettadern, die die Muskeln durchziehen. Als Geschmacksträger ist Fett unerlässlich, deshalb kann Reinhard Gorfer mit der nach wie vor modernen Verachtung von Fett wenig anfangen. Auch das Fleckvieh hat eine wichtige Aufgabe. Aufgrund der langen Zucht als Milchlieferant gibt es mehr und länger Milch. Fleckvieh besitzt deshalb außerdem keinen Mutterinstinkt mehr. Es läßt also auch fremde Kälber trinken. Die Milch der eigenen Mutter ist für die Kälber selbstverständlich trotzdem wichtig, allerdings nur in den ersten Tagen. Dann nennt man sie Bias-Milch. Diese enthält wichtige Abwehrstoffe, ohne welche die Kälber das erste Jahr kaum überstehen würden. Auch später ist Milch aber noch wichtig, denn die Kühe müssen ihre Mägen erst an die neue Rohkost gewöhnen. Wie man im Bild rechts sehen kann, trinken die Jungtiere deshalb einfach vom Fleckvieh, das auch fremde Kälber geduldig gewähren lässt.

Schlachten

Die Philosophie der Gorfers ist eine sehr einfache: Wenn es den Tieren gut geht, wird auch das Fleisch gut. So simpel das klingt, in die Praxis ist ein solches Motto nur mit viel Aufwand umzusetzen. Behördliche Auflagen und sogar der mittlerweile sehr große buchhalterische Aufwand sind dabei Erschwernisse. Ob jede einzelne Auflage in jedem Fall Sinn ergibt, ist zu hinterfragen, denn viele Verordnungen zielen eigentlich auf Betriebe ab, die Quantität – nicht Qualität – produzieren. Unterschiede werden keine gemacht. Für Kleinversorger sind manche dadurch notwendig gewordene Investitionen oder auch der nötige Zeitaufwand schlicht nicht mehr leistbar. Das ist auch der Grund, weshalb es mittlerweile nur noch sehr wenige kleine Schlachthöfe gibt. Ohne den Fokus darauf, möglichst viele Tiere in kurzer Zeit zu schlachten sind die Kleinen kaum überlebensfähig. Der enorme Preisdruck durch den Handel macht es Kleinversorgern schwer. Auf politischer Ebene könnte man durch eine zielgerichtete Förderungspolitik viel bewirken. Derzeit werden allerdings vor allem Großbetriebe gefördert. Spezielle Förderungen nur für Kleinbetriebe gibt es keine. Dabei kann Fleisch, wenn es von hoher Qualität ist, laut Reinhard Gorfer, auch wenn es im Kleinen vermarktet wird, lukrativ sein. Es gibt genügend Käufer, man muss sie nur finden und begeistern können.

Reinhard Gorfer bezeichnet seine Rinderzucht trotzdem als Hobby und Ausgleich. Die Gastronomie profitiert davon, denn dank eigener Produktion hat der Koch stets beste Grundprodukte mit beständiger Qualität. Um diese zu erreichen, lässt Reinhard Gorfer auch direkt auf dem Hof schlachten. Es gibt dort mittlerweile einen eigenen EU-konformen Schlachtraum. Bei einer Schlachtung durfte ich samt Kamera sogar dabei sein. Ein Zeichen dafür, wie überzeugt der Landwirt und Haubenkoch von seiner Produktion ist. Etwas mulmig war mir dabei aber schon zumute. Ich habe in meinem Leben zwar schon unzählige Portionen Fleisch zu mir genommen – bei einer Schlachtung war ich seltsamerweise noch nie dabei gewesen. Getötet werden auf dem Hof der Gorfers meistens nur ein bis zwei Tiere im Monat. Die Schlachtung selbst übernimmt ein Metzger aus der Gegend, der extra auf den Hof kommt. Die Tiere kommen zunächst einmal wie alle anderen Tiere zum Füttern in einen Durchlaufstall. Im Unterschied zu ihren etwas glücklicheren Artgenossen, die wieder auf die Weide getrieben werden, bleiben diese ein oder zwei Rinder aber im Stall. Durch Gatter getrennt, werden sie unmittelbar nach der Fütterung mit einem Bolzenschuss betäubt und sofort getötet. Mich hat erstaunt, wie wenig die Tiere, die eigentlich noch mit Fressen beschäftigt sind, davon mitbekommen. Im angrenzenden Schlachtraum werden sie schon Sekunden später gehäutet und ausgenommen. Die Rinderhälften hängt der Fleischer dann im Ganzen in einen speziellen Reiferaum.

Geschlachtet wurden anfangs übrigens nur drei Rinder im Jahr, und zwar sowohl männliche als auch weibliche. Reinhard erzählte mir, dass das Geschlecht

für die Qualität des Fleisches eigentlich unbedeutend sei. Stiere wüchsen halt schneller, weshalb sie einen besseren „Kosten-Nutzen-Faktor" hätten, was sie in Großbetrieben beliebter macht. Zum Vergleich mit der geringen Anzahl an Schlachtungen am Hof der Gorfers: Ein typischer Schlachtbetrieb hat, um lukrativ zu sein, einen Durchsatz von vielen hundert Tieren am Tag, in großen Betrieben gar von mehreren hundert Tieren in der Stunde! Wie bei den Schweinen ist auch bei Rindern daher die Gefahr groß, dass sie nur schlecht betäubt werden. Dazu kommt eine Vielzahl anderer Faktoren, die insbesondere bei Rindern Stress verursacht. Das beginnt schon beim Anbinden der Tiere, wenn sie das nicht gewöhnt sind, bis hin zu dem Umstand, dass sie unter fremden Rindern beginnen, die Rangordnung innerhalb der Herde neu auszufechten.

Der Haubenkoch ist überzeugt, dass der Stress und die Angst der Tiere beim Schlachten auch geschmackliche Auswirkungen haben. Verängstigte Tiere schütten Adrenalin aus. Da die Tiere ihren Stress in den Schlachthöfen nicht abreagieren und zum Beispiel davonlaufen können, wird dadurch zu viel Milchsäure im Muskel abgelagert. Das Fleisch übersäuert, es zieht sich beim Braten zusammen, wird trocken und fad. Da die Schlachtung von Rindern nur vom allgemeinen Tierschutzgesetz, nicht aber von Bio-Richtlinien geregelt wird, betrifft das auch Bio-Fleisch. Wer beste Qualität will, sollte daher sowohl den produzierenden Betrieb als auch die Schlachterei kennen!

Noch etwas habe ich vom Rinderzüchter erfahren: Als Kalbfleisch gilt das Fleisch von Tieren, die jünger als sechs Monate sind. Danach spricht man von Stieren, Ochsen und Kühen. Ausnahme sind die ausgewachsenen weiblichen Tiere, die man, bis sie zum ersten Mal ein Kalb bekommen, auch „Kalbin" nennt.

Kälber werden bei Reinhard Gorfer nicht geschlachtet. Auch das acht bis zwölf Monate alte „Jungrind" – im Handel ist fast ausnahmslos solches erhältlich – gibt es bei den Gorfers nicht. Der Koch ist der Meinung, dass älteres Fleisch besser schmeckt – vorausgesetzt, die Tiere werden richtig gefüttert und gut behandelt. Seine Rinder werden zwölf bis 24 Monate alt. Der Geschmack wird dadurch intensiver und bekommt erst den eigentlichen Charakter. Damit das Fleisch trotzdem zart und mürbe bleibt, reift es bis zu drei Wochen lang im eigenen Fett. Das ist auch deshalb wichtig, weil Rinder mit viel Auslauf mehr Bewegung haben, wodurch ihre Muskeln fester werden und ihr Fleisch weniger zart wird.

Schon auf dem Biohof Labonca hatte ich gehört, dass nicht nur Rind, sondern auch Schweinefleisch gereift wird. Beim Rind ist das aber noch um einiges wichtiger. Würden wir Rindfleisch ganz frisch essen, wäre es aufgrund des Bindegewebes seiner Muskelfasern unglaublich zäh. Da ein wesentlicher Bestandteil dieses Bindegewebes das hitzebeständige Kollagen ist, würde auch langes Garen in diesem Zustand nichts helfen. Kollagen kann aber durch Fleischreifung abgebaut werden.

Es mag seltsam klingen, doch wir lassen das Fleisch, von chemischen Prozessen gelenkt, sich kontrolliert zersetzen. Die Vorgänge, die dabei ablaufen, sind ausgesprochen komplex. Kurz gesagt wird in den ersten beiden Tagen der Reifung das Kohlehydrat Glykogen im Muskel zu Milchsäure umgewandelt. Durch die Milchsäure im Fleisch sinkt sein pH-Wert. Es entstehen Enzyme und Aminosäuren, die einerseits besagtes Kollagen auflösen, andererseits für die Ausbildung des Fleischaromas wichtig sind und außerdem das Wasserbindevermögen im Muskel erhöhen. Zu kurz abgehängtes Fleisch ist deshalb nicht nur zäh, sondern wird beim Braten auch schnell trocken und hat kaum Aroma. Um das AMA-Gütesiegel zu bekommen, muss Rindfleisch deshalb mindestens 9 Tage reifen.

Reinhard Gorfer lässt das Rindfleisch auf dem Knochen, im eigenen Fettmantel reifen – und das bis zu 21 Tage. Man spricht in diesem Fall von „Trockenreifung". Der umgebende Sauerstoff reagiert mit dem Fleisch und lässt spezielle Aromen entstehen. Voraussetzung dafür ist freilich eine exzellente Warenhygiene. Danach wird es für den Verkauf portioniert und die einzelnen Teile werden luftdicht verpackt. Diese vakuumierten Teilstücke kann man, im richtigen Klima gekühlt, noch einige Zeit lang lagern. Sie reifen dann im eigenen Saft, der in der Packung weiterhin austritt. Da auch in der Verpackung noch Milchsäure entsteht, wird das Fleisch mit der Zeit zwar noch zarter, verändert durch die Säure allerdings auch seinen Geschmack. Im schlimmsten Fall, wenn man es zu lange aufbewahrt, verliert es wieder deutlich an Aroma. Je nach Vorliebe sollte man die verpackten Stücke also möglichst bald verwenden.

Speisen und Produkte

Im Rezeptteil dieses Kapitels präsentiert Haubenkoch Reinhard Gorfer selbst einige Rezepte wie etwa Ochsenbackerl, Beef Tartar und das auf dem Hof in Garsten sehr beliebte Beuschel. Auch für das Aufbewahren von Fleisch hat er mir einen Tipp gegeben: Einfrieren ist grundsätzlich kein Problem. Man sollte allerdings darauf achten, dass man das Fleisch im Kühlfach so platziert, dass es möglichst schnell gefriert. Die meisten Gefrierfächer haben einen Punkt, wo die Kälte am größten ist – das ist genau der richtige Ort. Friert man das Fleisch zu langsam ein, bilden sich große Wasserkristalle, die es zerstechen. Beim Auftauen verliert das Fleisch dann viel Flüssigkeit und wird beim Garen schnell trocken und geschmacklos. Friert man es hingegen schnell ein, werden die Kristalle kleiner, wodurch weniger Muskelfasern zerstört werden und der Geschmack erhalten bleibt. Auch beim Auftauen sollte man vorsichtig sein: Am besten taut man sehr, sehr langsam auf, also im Kühlschrank. Das kann durchaus ein bis zwei Tage dauern.

Mittlerweile kann Reinhard Gorfer nicht nur als Koch, sondern auch als Landwirt auf viele Jahre Erfahrung zurückblicken, auch wenn es nicht immer einfach war. Einen Großteil seines heutigen Wissens hat er schlicht durch Versuch und Irrtum erworben – und natürlich probiert der Koch das Fleisch der geschlachteten Tiere immer auch selbst. Das Fleisch jedes einzelnen Tieres wurde von ihm persönlich gekostet. Wie genau sein Betrieb in den nächsten zehn Jahren aussehen wird, weiß der Landwirt noch nicht. Sein Motto ist, immer etwas Neues auszuprobieren. Vielleicht wird er einmal mit anderen Rassen wirtschaften. Vielleicht entdeckt er ein System, dass für ihn, die Tiere und die Qualität des Fleisches noch besser ist. Offen ist Gorfer stets für alles, was machbar ist und vor allem eines bringt: die beste Qualität.

Gorfer Natur Gourmet Infos

Das Fleisch aus der Rinderzucht kann man mit anderen Delikatessen ab Hof im Gasthaus der Gorfers in Garsten erwerben. Sowohl Plätze im Restaurant als insbesondere Frischfleisch sollten vorab reserviert werden. Besonders die Edelteile vom Rind sind oft viele Monate im Voraus schon ausverkauft. Aufgrund ihrer hohen Qualität kann man aber ohne Weiteres auch auf weniger beliebte Teilstücke zurückgreifen.
Ab Hof gibt es außerdem ausgezeichnete Edelbrände und Säfte mit Obst aus dem eigenen Garten – einige davon sind mittlerweile preisgekrönt. Wenn es genug Lämmer gibt, ist zusätzlich Fleisch vom Bio-Lamm erhältlich. Als wäre das noch nicht genug: An manchen Feiertagen macht Reinhard Gorfer besondere Delikatessen, zum Beispiel die in Oberösterreich traditionellen Bratwürste für die Weihnachtszeit. Einige wenige Gerichte kann man übrigens auch zum Mit-nach-Hause-Nehmen kaufen.

Herrenweidestraße 20, 4451 Garsten
Telefon: +43 (0) 7252 42882
ngg@naturgourmet.at
www.gorfernaturgourmet.at

Rindfleischsalat vom Tafelstück mit Ofenmarillen

für 4–6 Personen

ZUBEREITUNG

Rindsuppe:

1.
Für die Suppe die Knochen mit 3 Liter kaltem Wasser zum Kochen bringen. Den auftretenden Schaum vollständig abschöpfen und die Suppe 20 Minuten köcheln lassen.
2.
Das Tafelstück zugeben, erneut den Schaum entfernen, Pfefferkörner, Wacholder und Lorbeerblatt hinzufügen, ganz leicht salzen und eine Stunde auf kleiner Flamme köcheln lassen.
3.
Die ungeschälte Zwiebel halbieren und in einer Pfanne auf den Schnittflächen ohne Fett dunkelbraun anrösten. Mit einem Schuss Wasser ablöschen und alles zur Suppe geben.
4.
Lauch, Karotte, Pastinake, Paradeiser und Champignons in grobe Stücke schneiden.
5.
Das rohe Gemüse in die Suppe geben und weitere 30–40 Minuten köcheln.
6.
Das Fleisch aus der Suppe heben. Ein Sieb auf einen leeren Topf setzen, ein sauberes, feuchtes Küchentuch darüberlegen und die heiße Suppe behutsam durchseihen.
Das Tafelstück wieder in die Suppe geben und warm abkühlen lassen. Das Knochenmark für spätere Verwendung beiseite stellen.

Ofenmarillen:

7.
Für die Ofenmarillen das Backrohr auf 180 °C Umluft vorheizen.
8.
Marillen halbieren und entsteinen. Chilis hacken. Die Marillen mit der Schnittfläche nach oben auf ein Backblech setzen. Mit Chili und Zucker bestreuen und 20 Minuten im Ofen karamellisieren.
9.
Den ausgetretenen Marillensud in einer kleinen Schüssel auffangen. Mit Rotweinessig, Distelöl, Salz und Pfeffer zu einer Marinade verrühren.

10.
Das Tafelstück aus der Suppe nehmen und diese für andere Verwendung in einem Einmachglas aufheben (z.B. Rezept auf S. 198). Das Fleisch in hauchdünne Scheiben schneiden und flach auflegen. Mit Marinade beträufeln und mit Ofenmarillen garnieren. Mit Kräutern bestreut servieren.

Tipp: Das Rindermark lässt sich ausgezeichnet weiterverwerten. Dazu das Mark aus den Knochen drücken, längs halbieren, auf Schwarzbrotscheiben verteilen und unter dem Grill knusprig überbacken. Mit grobem Meersalz bestreuen und warm genießen.

ZUTATEN

Fleisch (und Rindsuppe):

4 Markknochen
1 kg Tafelstück
1 TL Pfefferkörner
4 angedrückte Wacholderbeeren
1 Lorbeerblatt
Salz
100 g Zwiebeln
1/2 Lauchstange
60 g Karotte
60 g Pastinake
2 Paradeiser
4 Champignons

Ofenmarillen:

8 reife Marillen
1–2 Chilischoten
4 EL brauner Zucker

Marinade:

4 EL Rotweinessig
5–6 EL gutes Distelöl
Salz, Pfeffer
Kräuter zum Garnieren

Rindfleischsuppe mit Ingwer, Knoblauch & Kräuterduft

für 4 Personen

ZUBEREITUNG

1.
Die Rindsuppe erwärmen. Ingwer und Knoblauch in Scheiben schneiden, mit Zitronenschale und übrig gebliebenen Kräuterstielen in die Suppe geben. Die Suppe unter dem Siedepunkt 30 Minuten ziehen lassen.

2.
Karotte und gelbe Rüben schälen und in feine Streifen (Julienne) schneiden. Die Champignons und das Fleisch in dünne Scheiben schneiden.

3.
Die Suppe durch ein Sieb passieren und mit Salz abschmecken.

4.
Gemüse und Fleisch in vorgewärmte Suppenschalen geben und erst am Tisch mit heißer Suppe übergießen. Zuletzt mit Kräuterbündeln garnieren und mit Pfeffer bestreuen.

ZUTATEN

Suppe:

1,2 Liter Rindsuppe
(Rezept auf S. 197)

ein daumengroßes Stück Ingwer
2–3 Knoblauchzehen
1 Stück Zitronenschale
Salz
4 kleine Bündel bestehend aus Petersilie, Minze, Melisse und Liebstöckel
(Stiele für die Suppe abschneiden)

Suppeneinlage:

je eine große Karotte und gelbe Rübe
6 Champignons
250 g Rindslungenbraten

Eine gute Rindsuppe ist für viele Speisen eine unverzichtbare Zutat. Genau wie Gemüsesuppen koche ich sie deshalb gern auf Vorrat und mache einen Fond daraus. Das Rezept für Rindfleischsalat auf den vorangegangenen Seiten beinhaltet zugleich auch ein gutes Rezept für Rindsuppe. Die Suppe, die Sie für den Salat nicht benötigen, können Sie also für dieses Rezept verwenden.
Wenn sie das Fleisch in der Suppe für einen Salat kochen, sollten Sie dieses wie im Rezept, erst wenn die Suppe schon kocht, dazugeben. Es bleibt dann saftiger. Wenn Ihnen der Suppenfond wichtiger ist oder Sie keine Markknochen zur Verfügung haben, so können Sie das Fleisch von Anfang an gemeinsam mit dem Suppenwasser langsam erhitzen. Es gibt dann mehr Geschmack an die Suppe ab, wird aber auch einen Tick trockener. Gorfers Rindfleisch schmeckt übrigens in beiden Fällen ganz ausgezeichnet.

Ochsenbackerl

für 4 Personen

ZUBEREITUNG

1.
Zwiebeln, Karotten und Knollensellerie schälen und mittelgrob hacken.
2.
Die Ochsenbackerl salzen, pfeffern und in Rapsöl rundum scharf anbraten. Aus dem Topf nehmen und das Gemüse im Bratensatz kräftig anrösten. Das Tomatenmark kurz mitbraten und mit Most ablöschen. Fast vollständig einreduzieren und alles mit der Hälfte der Rindsuppe aufgießen. Lorbeer, Thymian und Ochsenbackerl in die Sauce legen und zugedeckt auf kleiner Flamme eine Stunde lang schmoren.
3.
Die restliche Rindsuppe zugeben und weitere 30 Minuten zugedeckt garen.
4.
Die weichen Backerl aus der Sauce heben und zugedeckt beiseite stellen.
5.
Kalbsjus, Preiselbeeren und die geschmorte Marille in die Sauce rühren, einmal aufkochen und durch ein feines Sieb passieren.
6.
Sauce und Backerl in einem Topf zugedeckt bei kleinster Hitze leise köcheln lassen.
7.
Für die Einlage Karotten und Sellerie schälen, in kleine Würfel schneiden, in Salzwasser weich kochen und in zerlassener Butter schwenken.
8.
Die Speckscheiben knusprig braten, dabei am besten mit einem passenden Topf beschweren.
9.
Den gehackten Liebstöckel in die Sauce und unter das geschwenkte Gemüse mischen. Die Rindsbackerl mit viel Sauce, Gemüsewürfeln und Speckcracker servieren. Das Gemüse noch mit cremig geschlagenem Obers verfeinern.

Reinhard Gorfer hat dazu zwei Stücke einer Topfenpalatschinke angerichtet, die er vorher kurz auf beiden Seiten angebraten hat. Selbstverständlich passen auch Serviettenknödel ganz ausgezeichnet.

ZUTATEN

Ochsenbackerl:

120 g Zwiebeln
60 g Karotten
60 g Knollensellerie
4 Ochsenbackerl, zugeputzt
Salz und frisch gemahlener Pfeffer
4 EL Rapsöl
1 EL Tomatenmark
250 ml Apfelmost
1/2 Liter schwach gesalzene Rindsuppe
(siehe Rezept S. 197)
1 kleines Lorbeerblatt
2 Zweige Thymian
125 ml Kalbsjus
1 TL Preiselbeerkompott
1 geschmorte Marille
2–3 Zweige Liebstöckel, fein gehackt

Als Einlage:

60 g Karotten
60 g Knollensellerie
1 TL Butter
1–2 EL Schlagobers

außerdem:

4 hauchdünne Räucherspeckscheiben

Fertiger Kalbsjus ist in Bio-Qualität nur schwer zu bekommen. Eine gute Adresse ist der Bio-Versand „Porcella“ von Fleischermeister Schober aus dem Waldviertel, der nach ganz Österreich liefert (siehe Anhang). Selbstverständlich kann man Kalbsjus oder „braune Grundsauce“ selber machen. Man geht dabei wie beim Suppenkochen vor, verwendet aber ausschließlich Knochen. Diese werden mit Gemüse angebraten und mit Tomatenmark angeröstet. Danach fügt man Kräuter und Gewürze bei, gießt mit Weißwein nur wenig auf und läßt alles einreduzieren. Dieser Vorgang kann mehrmals wiederholt werden. Danach wird das Ganze mit Wasser bis zu zwei Stunden aufgekocht und am Ende, wie bei der Suppe, durch ein Sieb geseiht.

Beef Tatar mit Rösti, Spargel und Wachtelei

für 4 Personen

ZUBEREITUNG

1.
Das Rindfleisch aus dem Kühlschrank nehmen, mit einem sehr scharfen Messer fein schneiden und anschließend hacken. Alle anderen Zutaten zügig untermengen und das Tatar mit Frischhaltefolie bedeckt kühl stellen.
2.
In einer großen, beschichteten Pfanne das Sonnenblumenöl erwärmen. Die Erdäpfel schälen und mit einem Gemüsejuliennehobel direkt in die Pfanne raspeln. Mit Salz, Muskat und Schnittlauch würzen. In 4 gleich große Portionen teilen, zu flachen, struppigen Röstis formen und auf kleiner Flamme beidseitig langsam knusprig braten.
3.
Die Haut der Champignons mit einem kleinen Gemüsemesser abziehen. Die Champignons mit Zitronensaft marinieren. Vom Spargel den holzigen unteren Teil abschneiden, die Spargelstangen quer und längs halbieren und mit den Champignons in Butter unter Schwenken kräftig anbraten. Das Gemüse mit Kräutersalz bestreuen.
4.
In einer kleinen Pfanne 1 TL Butter aufschäumen. Die Wachteleier mit einem kleinen, spitzen Messer einritzen, die Schale sehr behutsam öffnen und die Eier vorsichtig in die Pfanne gleiten lassen. Die Wachteleier 3–4 Minuten braten.
5.
Das Tatar mithilfe eines Metallringes auf die Rösti setzen. Spargelgemüse und Wachteleier dekorativ um das Tatar anrichten, mit Spargelsaft beträufeln und hübsch garnieren.

Reinhard Gorfer nimmt für sein Beef Tatar gern die Nuss aus der Oberschale des Rindes, also ein Stück vom hinteren Bein. Seiner Überzeugung nach ist nicht ausschließlich das Filet das beste Stück für ein Beef Tatar, besonders wenn die Qualität des Fleisches stimmt.
Für den Spargel verwendet der Koch eine spezielle Gewürzmischung, die 13 verschiedene Kräuter enthält, unter anderem Salz, Pfeffer, etwas Zucker, Koriander, Knoblauch und Kümmel. Man kann die fertige Gewürzmischung ab Hof kaufen. Sie verleiht dem Spargel das besondere Etwas und eignet sich sowohl für Fleisch als auch für Fisch und Gemüse. Bei der Zusammensetzung achtet er unter anderem auf die möglichst harmonische und gesunde Wirkung der unterschiedlichen Kräuter. Wem Gorfers Gewürzmischung nicht zu Verfügung steht, der kann sich selbstverständlich auch mit eigenen Gewürzen behelfen oder Kräutersalz verwenden.

ZUTATEN

Beef Tatar:

800 g sehr frisches und gut gekühltes Rindfleisch, mager und flachsenfrei
4 Eidotter
70 g Zwiebel, fein gehackt
25 g Kapern, fein gehackt
120 g Essiggurken, fein gehackt
4 g Sardellenpaste
1/2 TL Paprikapulver
2 TL Ketchup
1 EL Estragonsenf
2 Spritzer Tabascosauce
1 EL Petersilie, fein gehackt
Salz, Pfeffer
Cognac nach Geschmack

Für das Rösti:

3–4 EL Sonnenblumenöl
2 mittelgroße mehlige Erdäpfel
Salz, Muskat
1 EL Schnittlauch

Für den Spargel:

12 kleine Champignons
Saft einer halben Zitrone
4 dünne Stangen grüner Spargel
1 EL Butter
1–2 TL Kräutersalz
(oder GORFERS Gewürzmischung)

außerdem:

1 TL Butter
4 frische Wachteleier
Kräuter und Blüten zum Garnieren

Gorfers Rindsbeuscherl zum Mitnehmen

für 6 Personen

ZUBEREITUNG

1.
Kalbslunge außen und innen waschen und dabei gestockte Blutreste sorgfältig entfernen. Das Kalbsherz halbieren und die großen Blutgefäße herausschneiden. Lunge und Herz in einem Topf mit kaltem Wasser bedecken, mit etwas Salz, Essig, Thymian, Lorbeerblättern und Pfefferkörnern zustellen und auf kleiner Flamme kochen. Die Lunge nach einer Stunde und das Herz 30 Minuten später aus dem Sud heben und mit kaltem Wasser abspülen. Beides vollständig erkalten lassen und dann in feine Streifen schneiden. 1 1/2 Liter des übrig gebliebenen Beuschelsuds durch ein feines Sieb passieren und in einem Topf warm halten.

2.
Die Hälfte der Butter mit dem Mehl in einem Topf kurz anrösten. Kapern zugeben und mit Riesling ablöschen. Alles mit einem Schneebesen glatt rühren und 2–3 Minuten köcheln. Den Beuschelsud einrühren und um ein Drittel einreduzieren. Obers, Crème fraîche und Kalbsjus hinzufügen, mit Kümmel, Muskat und Pfeffer würzen und auf kleiner Flamme zu einer molligen Sauce kochen.

3.
Die restliche Butter in einem kleinen Töpfchen behutsam bräunen und durch ein feines Sieb gießen.

4.
Zwiebeln und Gurkerl klein schneiden, das Gemüse putzen und raspeln. Petersilie und Kerbel möglichst fein hacken. Gemüse, Gurkerl und geschnittenes Beuschel in die Sauce geben und erhitzen, aber nicht mehr kochen. Mit Meersalz abschmecken, die gebräunte Butter einrühren und heiß in Einmachgläser füllen. Das Beuscherl geschlossen im Kühlschrank aufbewahren.

5.
Zum Erwärmen das Einmachglas in kochendes Wasser stellen und mit Schnittlauch bestreut servieren.

ZUTATEN

600 g Kalbslunge
400 g Kalbsherz
Salz
70 ml Weißweinessig
3 Zweige Thymian
2 Lorbeerblätter
1 TL Pfefferkörner

50 g Butter
30 g glattes Mehl
20 g Kapern, fein gehackt
125 ml Riesling
100 g Obers
80 g Crème fraîche
100 ml Kalbsjus
1/2 TL Kümmel, gemahlen
1 Prise Muskat, gemahlen
Pfeffer schwarz, gemahlen

160 g Zwiebeln
40 g Gurkerl aus dem Glas
60 g Karotten
40 g Knollensellerie
50 g Lauch
1 Handvoll Petersilie und Kerbel
Meersalz zum Abschmecken
Schnittlauch zum Bestreuen

XI. Gugumucks Schnecken

Die Weinbergschnecke hat eine lange kulinarische Tradition. Schon im antiken Rom wurde sie gezüchtet. Wien galt lange Zeit als Hauptstadt der Schnecken und hatte sogar einen eigenen Schneckenmarkt. Andreas Gugumuck lässt diese vergessene Tradition wieder aufleben. Auf seinem Hof in Liesing hält er derzeit mehr als 200 000 Tiere. Diese werden an die Gastronomie verkauft und können ab Hof oder per Online-Versand erstanden werden.

wiener
Schnecke

Ein Schneckenparadies

Wie genau eine Schneckenfarm aussieht, konnte ich mir beim besten Willen nicht vorstellen. Andreas Gugumuck empfing mich im Schatten eines großen Baumes gegenüber des alten Hofes seiner Familie. Direkt dahinter zeigte er mir ein eingezäuntes, aber recht kleines Gelände, das ich für ein großes Gemüsebeet hielt. Seltsam daran waren nur die Holz- und Wellblechkonstruktionen, die das kleine Gelände der Länge nach unterteilen, und auch das Gemüse hatte wohl schon bessere Tage gesehen. Hätte Andreas Gugumuck mir nicht gezeigt, dass genau hier, in dem etwas abgeblühten Kräuter- und Gemüsebeet Hunderttausende Schnecken leben, ich wäre einfach daran vorbeigegangen. Er musste nur eines der Holzbretter hochheben – auf der Unterseite klebten sie zu Dutzenden und hielten Mittagsschlaf.

Schnecken leben nach einem sehr einfachen Prinzip: Nach Nahrung suchen sie nur, wenn Luftfeuchtigkeit und Temperatur das zulassen. Sie lieben es feucht und eher kühl. An sonnigen Sommertagen wie jenem, an dem ich Gugumuck besuchte, verstecken sie sich deshalb unter Steinen oder Holzbrettern und schlafen. Genauer gesagt, sie befinden sich dann in einer Trockenstarre. Erst, wenn es regnet, oder frühmorgens im Tau bekommt man sie zu Gesicht. Dann suchen sie nach Kräutern, Gemüse und anderer Nahrung. Am liebsten sind ihnen Karotten, Mangold, Raps und Kräuter wie Thymian oder Salbei. Das ist auch der Grund, weshalb die Plantage wie ein etwas verlottertes Beet aussieht. Da er seine Farm die ganze Saison über grün hält (auch wenn das nicht immer so aussieht), haben seine Tiere stets etwas zu fressen. Gugumucks Schneckenfarm dürfte das einzige Gemüsebeet Wiens sein, indem die wirbellosen Tiere erwünscht sind.

Auch für die Schnecke gilt: Je besser es ihr geht, desto besser gedeiht sie. Gugumuck hält seine Tiere artgerecht und hat ihnen ein richtiges kleines Paradies geschaffen. Direkt über dem Gemüsebeet sind einige Wasserschläuche angebracht, die jeden Morgen für künstlichen Tau sorgen. Ideales Schneckenwetter. Da sie für ihre Häuser vor allem Kalk benötigen und damit sie schneller wachsen, füttert Gugumuck sie zusätzlich mit einem aus Kalk und Getreide bestehenden, sehr fein gemahlenen Futter. Bis vor Kurzem importierte er noch französisches Schneckenfutter. Dort gibt es dank der ungebrochenen französischen Schnecken-Tradition gleich mehrere Farmen, die sich auf die Weinbergschnecke, französisch: „Escargot de Bourgogne“, spezialisiert haben. Dieses Futter ist aber nicht bio-zertifiziert und enthält Soja, und Gugumuck wollte einen Schritt weiter gehen. Mittlerweile verfüttert er nur noch Bio-Mehl, das er in einer kleinen Mühle mahlen lässt. Ein wirtschaftlicher Vorteil der Schnecke gegenüber anderen Fleischsorten ist, nebenbei gesagt, dass sie so gut wie alles aus ihrer Nahrung verwerten kann. Man muss also vergleichsweise wenig füttern, um eine bestimmte Menge Fleisch zu erhalten.

Eine frei zugängliche Schneckenfarm wäre selbstverständlich nicht nur für Weinbergschnecken paradiesisch. Auch Nacktschnecken und andere kleinere Sorten schmuggeln sich immer wieder ins Gelände. So gut es geht, hält ein Schneckenzaun diese und auch so manchen Feind der Weinbergschnecke fern. Für Vögel, Maulwürfe, Laufkäfer und viele andere Tiere ist sie nämlich eine Delikatesse. Natürlich soll der Zaun auch dazu dienen, dass die langsamen Kriechtiere nicht einfach abhauen. Gugumuck erzählte mir, dass seine Mutter in der Anfangszeit des Schneckenhofs deshalb Alpträume hatte. In ihren Träumen waren die hunderttausend Schnecken ihres Sohnes über Nacht entkommen und fraßen Wiens Gärten leer. Der Schneckenzaun, davon konnte ich mich überzeugen, ist aber ausbruchssicher.

Bei den Führungen auf dem Hof ist gerade dieser Zaun immer wieder ein beliebtes Thema. Besonders die Gärtner unter den Besuchern interessieren sich dafür, wenn auch aus anderen Gründen als Andreas Gugumuck. Mir hat er verraten, woran es liegt, dass Schnecken seinem Garten kaum entkommen. Auf die Innenseite eines schräg aufgestellten Wellblechzaunes hängt er ein mit Raps, Salz und Schmierseife behandeltes engmaschiges Netz. Hobbygärtnern mit etwas kleineren Gärten empfiehlt der Schneckenprofi auch elektrische Absperrungen, um die unliebsamen Gäste draußen zu halten. In freier Wildbahn sind Weinbergschnecken mittlerweile geschützt. Man sollte in der Wahl seiner Mittel also wählerisch sein. Wer den Boden salzt, tötet nicht nur Nacktschnecken, auch Weinbergschnecken verenden dadurch auf schreckliche Art. Selber sammeln und kochen darf man sie auch nicht. Vielleicht ist das einer der Gründe, weshalb die Weinbergschnecke mittlerweile fast ganz von unseren Speisekarten verschwunden ist.

Hauptstadt der Schnecken

Wenn man alte, traditionelle Kochbücher zur Hand nimmt, findet man darin immer wieder einen erstaunlichen Reichtum an Rezepten und Zutaten. Besonders die Fastenspeisen geben aus heutiger Sicht Anlass zum Staunen. Da taucht schon mal ein Rezept für Donauschildkröte, für Froschschenkel oder Biberfleisch auf. Auch die Weinbergschnecke war keine Unbekannte, denn Mönche waren der Meinung, Schnecken seien weder Fisch noch Fleisch. In eigens angelegten Schneckengärten wurden sie in vielen Klöstern sogar mit Kräutern gemästet. Auch in der Wiener Alltagsküche war die Schnecke beliebt. Die im 18. Jahrhundert zahlreich vorhandenen Tiere ließen sich leicht sammeln und verarbeiten. Nahe der Peterskirche gab es immerhin einen eigenen Schneckenmarkt. Da das Fleisch als delikat galt, hatten Adelssitze ihre eigenen Schneckenzuchtbetriebe. In Wien war die Weinbergschnecke bis zum Ende der Monarchie derart verbreitet, dass man gar von der „Hauptstadt der Schnecken“ sprach. Am Graben wurden Schnecken im Stanitzl als Imbiss verkauft, man aß sie mit Speck gebraten zu Weinkraut und sogar gekocht und gezuckert. Unter dem

Namen „Wiener Auster“ wurde das beliebte Fleisch nach ganz Europa exportiert. Weshalb diese so ausgeprägte kulinarische Tradition bei uns verloren gegangen ist, lässt sich heute schwer nachvollziehen. Ihre Geschichte zeigt aber, wie sehr wir, gerade wenn es ums Essen geht, Moden unterworfen sind. War die Schnecke eine Zeit lang in der guten Gesellschaft als „Arme-Leute-Essen“ verpönt, so galt sie einige Jahrzehnte später als aphrodisierende Delikatesse. In Österreich verschwand sie mit Ende der Monarchie fast gänzlich von den Speisekarten. In den Fünfzigerjahren erlebte sie als teure „Escargot“ in der „haute cuisine“ eine kurze Renaissance und verschwand, nachdem sie in den Achtzigerjahren unter Tierschutz gestellt worden war, beinahe wieder ganz. Dass nur die wilden Tiere, nicht aber solche aus Zuchtbetrieben geschützt wurden, war dabei nebensächlich. In nur 30 Jahren haben wir eine jahrhundertealte Tradition beinahe vollkommen vergessen und das, obwohl nur wenige Kilometer von unserer Staatsgrenze entfernt, zum Beispiel auf italienischen Märkten, eine Vielzahl unterschiedlicher Schneckenarten angeboten wird.

Andreas Gugumuck versucht, die kulinarische Tradition des Schneckenfleisches in Österreich wieder aufleben zu lassen. Anfangs hatte man den ehemaligen IT-Experten deshalb noch belächelt: „Schnecken isst ja keiner.“ Gugumuck steckte trotzdem etwa sieben Hektar auf dem Hof seiner Mutter ab, errichtete kleine Parzellen und startete einen ersten Versuch. 2008 kaufte er 20000 Mutterschnecken von einem Zuchtbetrieb, denn sammeln darf man die geschützten Tiere selbstverständlich nicht. Die Felder hatte er gut vorbereitet und siehe da: Den Weinbergschnecken gefiel es bei Gugumuck. Wesentlich schwieriger war es, danach Abnehmer für seine Tiere zu finden. Einer der Ersten, der Gugumucks Schnecken probierte, war der Haubenkoch Christian Petz, den Gugumuck damit mehr oder weniger in seinem Lokal überrumpelte. Christian Petz, ehemals Koch im Palais Coburg, nunmehr bekannt für sein Restaurant auf dem Wiener Badeschiff, kostete die Schnecken in allen erdenklichen Konsistenzen und sogar roh – er war begeistert! Das Besondere an Gugumucks Schnecken ist zum einen die sorgfältige Art, wie er sie zubereitet, zum anderen, dass sie nicht sterilisiert sind. Getötet werden die Tiere nur während der Trockenstarre, indem sie in kochendes Wasser geworfen werden, wo sie in wenigen Sekunden, ohne etwas zu merken, sterben. Danach werden sie mit Salz entschleimt und mehrere Stunden in einem Kräutersud gekocht. Sie haben deshalb weder eine ledrige Konsistenz noch werden sie, wie Andreas sagt: „lätschert“. Am ehesten lassen sie sich wohl mit zartem Kalbfleisch vergleichen. Schnecken sind ausgezeichnete Geschmacksträger und haben eine leicht nussige Note. Ideal, um sanfte Marinaden, Kräuter und Gewürze besonders zur Geltung kommen zu lassen. Wer Meeresfrüchte mag, wird mit Sicherheit auch Schnecken gerne essen.

Andreas Gugumuck konnte seine größten Erfolge in der Gastronomie erzielen. Seine Produkte sind aber auch ab Hof und sogar per Bestellung im Internet erhältlich. Mittlerweile gibt es viele unterschiedliche Angebote – von der klassischen Schnecke in Kräuterbutter bis hin zu eingelegtem Muskelfleisch in Weinessig. Besondere Delikatessen sind der Schneckenkaviar und die weltweit einzigartige Schneckenleber. Die bekommt man tatsächlich nur bei Andreas Gugumuck. So sehr die gehobene Gastronomie Gugumucks Ware auch schätzt, er selbst findet, Schneckenfleisch könnte auch eine wundervolle Zutat für ganz alltägliche Speisen sein. Man kann es unglaublich vielseitig einsetzen. Am liebsten würde Gugumuck Wien wohl noch einmal zur „Hauptstadt der Schnecken“ werden lassen. Derzeit ist deshalb neben anderen Projekten auch ein Schneckenheuriger in Liesing in Planung. Ich kann nur empfehlen, diesen einmal zu besuchen und sich von der Vielfalt der angebotenen Rezepte inspirieren zu lassen. Vielleicht findet die Schnecke ja doch noch einmal ihren Weg zurück in die Alltagsküchen. Sie hätte es auf jeden Fall verdient, schon alleine weil ihr Fleisch für den Menschen ausgesprochen gesund ist.

Man ist, was man isst

Schnecken und Insekten, davon ist Andreas Gugumuck überzeugt, sind die Zukunft der menschlichen Ernährung. Gemeinsam mit dem Physiotherapeuten Daniel Reheis arbeitet er deshalb an einem kulinarischen Projekt, bei dem es um nichts anderes geht als um die „artgerechte“ Ernährung des Menschen. Schnecken und Insekten stehen dabei an vorderster Stelle. Bei einem Besuch im Bregenzer Wald ließ ich mir von dem Vorarlberger Daniel Reheis erklären, weshalb das so ist.

Unsere Wissenschaft steckt, wenn es ums Essen geht, nach wie vor in den Kinderschuhen. Einer der Gründe dafür ist, dass Ernährung, Kochen und Lebensmittel aufgrund ihrer Komplexität nur sehr schwer untersucht werden können. Viele chemische und physikalische Grundlagen haben sich uns nach wie vor nicht ganz erschlossen. Selbst geläufige Dinge wie die Bräunungsreaktion beim Braten, die sogenannte Maillard-Reaktion, sind nicht restlos erforscht. Alleine an dieser sind Hunderte chemische Verbindungen beteiligt. Noch schwieriger wird es, wenn man die Wirkung von Lebensmitteln untersucht. Der Trend, danach zu fragen, was genau Nahrung gesund oder ungesund macht, ist vergleichsweise jung. Nicht nur die menschliche Verdauung, auch die Zusammensetzung unserer Lebensmittel ist ausgesprochen komplex. Alltägliche Zutaten wie zum Beispiel Olivenöl können über tausend bioaktive Substanzen enthalten. Genau dafür interessiert sich Daniel Reheis. Gute Ernährung, davon ist er überzeugt, kann wie Medizin wirken. Das Fachgebiet, das sich damit beschäftigt, nennt sich „Psycho-Neuro-Immunologie“.

Sehr vereinfacht gesagt, gehen Daniel Reheis und seine Fachkollegen davon aus, dass wir uns derzeit größtenteils falsch

ernähren. Zu viel Stärke und Zucker in unserer Nahrung fördern die falsche Flora in unseren Mägen, anders gesagt: Wir füttern die falschen Bakterien in unseren Körpern. Unser Körper ist deshalb dauernd leicht entzündet und unser Immunsystem steht folglich ständig unter Stress. Das kostet Energie. Würde diese Energie frei und verlöre unser Immunsystem den chronischen Stress, verschwänden laut Daniel Reheis viele Zivilisationskrankheiten. Aber nicht nur die übermäßige Zufuhr von Stärke und Zucker hat Auswirkungen, sondern auch Fleisch, und sogar, wie wir unsere Tiere füttern.
In wissenschaftlichen Studien, so erzählte mir Daniel, hat man entdeckt, dass Ernährung direkt damit zu tun hat, wie die Zellen in unseren Körpern aufgebaut sind. Rotes Fleisch enthält ein ganz bestimmtes Molekül, das sogenannte Neu5Gc, das beim Menschen nicht vorkommt. Wenn wir viel rotes Fleisch essen, dann verarbeiten unsere Körper Neu5Gc allerdings und bauen es in unsere eigenen Zellen ein. Salopp ausgedrückt, kann man also durchaus sagen: Man ist, was man isst. Problematisch wird das, wenn es zu Abwehrreaktionen führt. Der Körper stellt fest, dass ein Teil seiner Zellen körperfremd ist, und aktiviert das Immunsystem. Welche Wirkungen das genau hat, ist bislang, wie so vieles, noch nicht restlos erforscht. Derzeit nimmt man an, dass der übermäßige Konsum von rotem Fleisch langfristig mit der Bildung von Tumoren, mit Herzerkrankungen oder auch Krankheiten wie Malaria zusammenhängt. An diesem Punkt kommt die Schnecke ins Spiel, denn sie enthält – genau wie Fisch und Insekten – kein Neu5Gc. Stattdessen weist sie ein Molekül auf, das auch in menschlichen Zellen vorkommt, das sogenannte Neu5Ac. Dazu kommt, dass schon drei Schnecken unseren Tagesbedarf an Omega-3-Fettsäuren decken. Sie wirken sich also positiv auf Herz und Blutgefäße aus. Da sie zusätzlich hohe Mengen des für unsere Schilddrüse wichtigen Jodes und eine optimale Zusammensetzung anderer Nährstoffe enthält, gehört die Schnecke laut Daniel Reheis zur idealen oder, wie er gerne sagt, zur „artgerechten“ Nahrung des Menschen.
Im gemeinsamen Projekt mit Andreas Gugumuck soll dieses Wissen nutzbar gemacht werden. Es geht um eine Art natürliches „functional food“. Safran, Olivenöl, Schnecken, Insekten und eine Vielzahl anderer Lebensmittel enthalten bioaktive Substanzen. Aus solchen Zutaten wollen Gugumuck und Reheis fertige Produkte entwickeln. Diese sollen sich, nur aufgrund der Kombination ihrer natürlichen Zutaten, aktiv auf unsere Gesundheit auswirken.

Gugumuck Infos

Wer Andreas Gugumuck einmal auf seiner Schneckenfarm oder beim Schneckenheurigen besucht, sollte auf eines besonders achtgeben: auf die Drehung der Häuser seiner Weinbergschnecken. Das Haus der Weinbergschnecke (*Helix pomatia*) ist in der Regel nämlich rechtsdrehend. Es kommt gerade einmal eine linksdrehende Schnecke auf zehn Millionen Vertreter der Gattung. Im Volksmund nennt man Schnecken mit linksgedrehten Häusern deshalb „Schneckenkönige“. Sie sind vor allem bei Sammlern heiß begehrt. Mit viel, viel Glück versteckt sich unter den vielen tausend Schnecken von Andreas Gugumuck also ein Schneckenkönig.
Gugumucks Schnecken bekommt man vor allem in der Gastronomie und das in Restaurants in ganz Österreich. Ab Hof und per online-Bestellung gibt es außerdem tiefgefrorenes Schneckenfleisch oder fertige Schnecken in Kräuterbutter und Delikatessen wie Schneckenleber oder -kaviar.

Rosiwalgasse 44, 1110 Wien
Telefon: +43 (0) 650 618 57 49
office@wienerschnecke.at
www.wienerschnecke.at

Schnecken in Kräuterbutter

für 4 Personen

ZUTATEN

24 küchenfertige Weinbergschnecken
24 gereinigte Schneckenhäuser
125 ml Weißwein (z.B. guten Chardonnay)
250 g zimmerwarme Butter
1 fein gehackte Schalotte
2 Knoblauchzehen
3 EL fein gehackte Petersilie
1 EL fein geschnittener Schnittlauch
1 Spritzer Zitronensaft

ZUBEREITUNG

1.
Die Weinbergschnecken in die Schneckenhäuser stecken und die Häuser in die Schneckenpfannen setzen.
2.
In jedes Schneckenhaus einen Schuss Weißwein geben.
3.
Das Backrohr auf 220 °C Ober-/Unterhitze vorheizen.
4.
Die Butter mit dem Handmixer luftig aufschlagen.
5.
Schalotte und Knoblauch sehr fein hacken und mit der Petersilie und Zitronensaft unter die Butter rühren.
6.
Die Schneckenhäuser mit der Butter verschließen und im Ofen circa 10 Minuten backen.

Schnecken in Kräuterbutter sind gewissermaßen der Klassiker unter den Schneckenrezepten. Wenn man Schnecken bei Andreas Gugumuck kauft, sind diese immer schon im Kräutersud vorgekocht. Dieses Rezept lässt sich daher sehr einfach und schnell zubereiten. Wer es noch einfacher haben will, der kann die Schnecken in Kräuterbutter bei Gugumuck auch fertig bestellen. Er hat sein Rezept mit Köchen speziell entwickelt, damit der subtile, erdige Geschmack seiner Tiere zur Geltung kommt. Wir haben Ihnen hier trotzdem verraten, wie man eine passende Kräuterbutter selbst herstellt.

Schnecken asiatisch mit Zitronengras

für 4 Personen

ZUBEREITUNG

1.
Vom Zitronengras Schicht für Schicht ablösen. Aus den grünen, biegsamen Schichten mindestens 20 Streifen mit circa 10 cm Länge zurechtschneiden.
2.
Die innersten Teile der Stangen mit Schnecken, Jungzwiebeln, Knoblauch und Chili fein hacken. Mit Minze, Sesamöl, Sojasauce, Oystersauce und Limettensaft würzen.
3.
Die Zitronengrasstreifen zu kleinen U-Häkchen formen und so in die Schneckenhäuser stecken, dass beide Enden herausragen. Die Schneckenmasse in die Schneckenhäuser streichen und mit Thaibasilikumzweigen in asiatische Dampfeinsätze aus geflochtenem Bambus setzen.
4.
Den Dampfeinsatz in einen passenden Topf mit etwas kochendem Wasser stellen und die Schnecken zugedeckt 30 Minuten dämpfen.

ZUTATEN

1 Stange Zitronengras
200 g gekochte Schnecken
2 Jungzwiebeln
1 kleine Knoblauchzehe
1–2 rote Chilis
1 EL gehackte Minze
1 EL Sesamöl
2 EL Sojasauce
1 EL Oystersauce
Saft einer halben Limette
20 küchenfertige Schneckenhäuser
einige Zweige Thaibasilikum

Dieses asiatische Rezept bietet einen bei uns vielleicht eher ungewöhnlichen Zugang zu Schneckenfleisch. Die Zitronengrasstreifen haben hier übrigens eine doppelte Funktion. Sie parfümieren das Fleisch und sind wichtig für den Geschmack. Sie dienen aber auch dazu, das Gehackte möglichst einfach aus den Häusern zu bekommen. Da man das Zitronengras mitsamt gehacktem Fleisch wie kleine U-Häkchen in die Schneckenhäuser steckt, muss man nur daran ziehen, um eine mundgerechte Portion herauszubekommen – perfektes Fingerfood. Dazu empfehlen wir Reis und etwas gedünsteten Pak Choi, den man für einen besseren Geschmack am besten gleich mitdünstet.

Schneckenbeuschel

für 4 Personen

ZUTATEN

100 g Schalotten
2 EL Butter
1 Prise Zucker
30 g Mehl
1 TL Tomatenmark
1 Msp. Paprika, edelsüß
1 Liter heiße Hühnersuppe
125 ml Riesling
1 Lorbeerblatt
60 g Karotten
60 g gelbe Rüben
60 g Petersilwurzel
2 Jungzwiebeln
500 g gekochte, küchenfertige Schnecken
2 EL Sauerrahm
1 EL gehackte Petersilie
Salz, Pfeffer
2 EL Essiggurkensaft

ZUBEREITUNG

1.
Die Schalotten fein schneiden und in Butter und Zucker hell anschwitzen. Mit Mehl stauben und hellbraun anrösten. Tomatenmark und Paprika einrühren, mit Hühnersuppe und Riesling aufgießen, Lorbeerblatt hinzufügen und alles glatt rühren. Die Sauce 20 Minuten köcheln lassen.
2.
Das Wurzelgemüse schälen, mit den Jungzwiebeln in feine Streifen schneiden und mit den Schnecken in die Sauce rühren. Das Beuschel 10 Minuten leise köcheln. Sauerrahm und Petersilie einrühren und den Topf vom Herd ziehen. Mit Salz, Pfeffer und Essiggurkensaft kräftig abschmecken.

Schneckenbeuschel wird im Grunde genommen nicht anders als ein klassisches Rieslings-Beuschel zubereitet. Es zählt zu Andreas Gugumucks Lieblingsrezepten mit Schnecken. Dazu passen am besten Serviettenknödel oder Semmelknödel. Man kann das Beuschel übrigens auch gut als Vorspeise mit einem Stück guten Baguettes servieren.
Wer das Beuschel nicht selbst zubereiten will, kann es bei Andreas Gugumuck mittlerweile auch fertig im Glas kaufen.

Schneckenkaviar auf Lardo

für 4 Personen

ZUTATEN

120 g sehr dünne, gekühlte Lardoscheiben (oder Kübelspeck)
1 Glas Schneckenkaviar von Gugumuck

ZUBEREITUNG

Schneckenkaviar direkt aus dem Glas auf dem möglichst fein geschnittenen Lardo ist eine absolut perfekte Kombination. Dazu bedarf es nur noch etwas knusprigen Weißbrots.

Der Geschmack des Schneckenkaviars ist von großer Subtilität und duldet keine weiteren Geschmacksrichtungen.

Schneckenkaviar ist eine besondere Spezialität, die man nur sehr selten – zum Beispiel bei Andreas Gugumuck – bekommt. Wir wollten Ihnen diese Besonderheit nicht vorenthalten und haben lange überlegt, welches Rezept wir dazu anbieten können. Der Geschmack von Schneckenkaviar ist äußerst delikat, leicht nussig und erinnert vielleicht ein wenig an Süßholz - ideal für Antipasti oder ein besonderes Amuse Gueule.
Der Lardo, den Sie hier auf dem Bild sehen, stammt aus der Toskana und hat im Vergleich relativ wenig Fettanteil. Ein guter Lardo darf allerdings durchaus auch ganz weiß sein. Lardo gleicht in seiner Herstellungsweise und im Geschmack übrigens der Oberösterreichischen Spezialität Kübelspeck. Man bekommt diesen in kleinen Metzgereien oder direkt vom Bauernhof. Besonders im Innviertel hat Kübelspeck Tradition. Auch heute noch hat jeder Bauernhof ein eigenes Rezept. Jeder Kübelspeck schmeckt also ein klein wenig anders. Der Unterschied zum Lardo ist, dass dieser in Italien traditionell im Marmorgefäß mit Kräutern gereift wird. Kübelspeck reift man hingegen in Holzbottichen. Geschmacklich sind beide aber durchaus ähnlich. Wir haben sie für dieses Rezept aufgrund ihres sehr milden Geschmacks ausgewählt.

Feuerfleck mit Schnecken und Butterkäse

für 4 Personen

ZUTATEN

Feuerfleckteig:

250 g glattes Weizenmehl
50 g Roggenmehl
1/2 TL feines Meersalz
150 ml Wasser
4 EL Olivenöl

Belag:

200 g gekochte, küchenfertige Schnecken
4 EL Olivenöl
Saft einer halben Zitrone
1 gepresste Knoblauchzehe
1 Handvoll geriebener Butterkäse
Salzflocken und frisch gemahlener Pfeffer

ZUBEREITUNG

1.
Das Backrohr auf 240 °C Ober-/Unterhitze vorheizen.
2.
Für den Teig die Zutaten zu einem glatten Teig verkneten und zu sehr dünnen Fladen ausrollen.
3.
Die Schnecken mit Olivenöl, Zitronensaft und Knoblauch marinieren.
4.
Die Teigfladen auf ein mit Mehl bestaubtes Backblech legen und die Schnecken mit der Marinade darauf verteilen. Mit dem Butterkäse bestreuen und im Ofen goldbraun backen.
5.
Noch heiß mit Salzflocken und Pfeffer bestreuen.

Der Feuerfleck ist so etwas wie die Urform der Pizza. Selbstverständlich kann man ihn deshalb mit allen möglichen Zutaten belegen. Der Teig selbst hat nur wenig Geschmack, weshalb sich auch subtilere Zutaten wie Schnecken eigenen. Ich persönlich bereite beim gemeinsamen Kochen ganz gern eine Vielzahl unterschiedlicher Lebensmittel für den Belag vor, die jeder Gast dann selber auswählen kann. Das macht besonders mit Kindern Spaß, die dabei große Kreativität beweisen.

XII. Marc Mößmers Karpfen

Marc Mößmer ist ein Pionier der biologischen Fischzucht. Die entsprechenden europäischen Richtlinien gehen zum Großteil auf seine Arbeit zurück. In Österreich gründete er die ARGE Biofisch, die sich mit den Grundsätzen biologischer Fischwirtschaft beschäftigt. Vermarktet wird über die Biofisch GmbH. Auf Wiens Märkten kann man Saiblinge, Forellen und andere Fische ausgewählter Produzenten beziehen. Marc Mößmers Leidenschaft gilt dem Waldviertler Karpfen. Besucht man Marc an seinem Pachtteich im oberen Waldviertel, erfährt man, weshalb es an der Zeit ist, den Karpfen kulinarisch zu rehabilitieren.

OCEAN

Schwimmen mit den Fischen

Mein erster Besuch bei Marc Mößmer fiel genau auf den Anfang der Sommerpause der Biofisch GmbH. Marc empfing mich direkt am Fischteich, leger gekleidet, das heißt in Badehosen, denn es hatte in diesem Sommer sogar im oberen Waldviertel weit über 30 Grad. Rund um mich wurden die Reste einer Feier vom Vorabend zusammengeräumt. Man hatte ein Sommerfest gefeiert, das zugleich eine Art Jahresabschluss war. „Jahresabschluss" deshalb, weil die Fischsaison, insbesondere jene des Karpfens, im Winter liegt. Hochsaison hat Karpfen von November bis ungefähr Ostern. Mittlerweile ist der Hofladen in Wien zwar das ganze Jahr über geöffnet, im Sommer werden aber nur Saiblinge und Forellen aus dem Alpenraum verkauft. Aufgrund der unerträglichen Hitze in diesem August bot Marc mir irgendwann mitleidig an, mich im Wasser abzukühlen und in den See zu springen. Ich kam seiner Aufforderung nur allzu gerne nach, und so fand das erste Gespräch mit dem Fischereimeister nicht am, sondern im Fischteich statt.

Teiche, in denen Fische gehalten werden, waren in meiner Vorstellung bis zu diesem Zeitpunkt klein gewesen. Worin ich im Waldviertel aber schwamm, war eigentlich ein sehr großer, naturbelassener See. Da die Fische darin wie in einem natürlichen See leben und sehr viel Platz haben, machen ihnen einige Badegäste gar nichts aus. Jedem einzelnen Karpfen stehen etwa 20 Kubikmeter Wasser zur Verfügung. Das Gewässer bietet viele wilde, sowohl tiefe als auch seichte Stellen, ideale Verstecke oder Laichplätze. Der See, den Marc Mößmer im Waldviertel gepachtet hat, ist streng genommen ein Himmelsteich, wird also durch Regen aufgefüllt. Einmal im Jahr, zu Beginn der Saison im Herbst, wird der Teich ausgelassen und abgefischt. Das ist nötig, um den Fischbestand zu kontrollieren und jene Fische auszuwählen, die im Winter in sogenannte Hälterungen kommen. Das sind jene kleinen bis mittelgroßen Teiche, wie ich sie mir eigentlich vorgestellt hatte. Dort, erklärte mir Marc, verbringen die Fische nur wenige Wochen, bevor sie in Wassertanks nach Wien gebracht und schließlich geschlachtet werden.

Das lockere und etwas unkonventionelle Gespräch mit dem Fischereimeister konnte über eines nicht hinwegtäuschen: Ich hatte einen Experten vor mir. Ein Großteil der Richtlinien, die die biologische Fischzucht in ganz Europa regeln, stammt aus Marc Mößmers Feder. Die möglichst natürliche Beschaffenheit der Teiche ist einer der vielen Punkte, die in diesen Richtlinien beschrieben werden.

Vom Fischen war Marc Mößmer schon als Kind begeistert. Lässt man sich von ihm etwas über seine Arbeit erzählen, erkennt man schnell, mit wie viel Enthusiasmus er dabei vorgeht. Ohne eine gute Portion Idealismus wäre eine Karpfenzucht, wie er sie betreibt, auch kaum zu bewältigen. Um frischen Fisch zu holen, nimmt er es in Kauf, auch im Winter bei Minusgraden in einer schon etwas baufälligen Hütte im Waldviertel zu übernachten. Obwohl ich dort selbst eine Woche verbracht habe, um unsere Rezeptfotos zu schießen, bekam ich Marc dabei kaum zu Gesicht. Bei Sonnenaufgang, als Alexander Rieder und ich noch frierend in unseren Schlafsäcken lagen, stand er schon an einer seiner Hälterungen, um sich durch die Eisdecke zu kämpfen und zu fischen. Im Vergleich zu konventionellen Betrieben ist die Ausbeute an vermarktbarem Fisch gering. Die Qualität der Fische ist dafür umso besser und was Marc genauso wichtig ist: Der ökologische Kreislauf seiner Teiche bleibt intakt.

Nachhaltige Fischzucht beschäftigte Marc Mößmer schon während seiner Studienzeit. Bio bei Fisch, das gab es damals noch nicht. An der Uni hatte Marc daher begonnen, in Kooperation mit der Bio Austria (damals noch Bio Ernte) ganz konkret Bauern und Hersteller für seine Philosophie zu gewinnen. Ein erster Erfolg war, dass sich Marcs Arbeit als Verbandsrichtlinie der Bio Austria durchsetzte. Diese wurde von der Schweiz übernommen und gilt heute europaweit. 1994 gründete Marc außerdem die ARGE Biofisch. Etwas mehr als 20 Fischzüchter stellen in der Arbeitsgemeinschaft auch heute noch die Frage, wie Teichwirtschaft möglichst nachhaltig funktionieren kann.

Der ARGE Biofisch geht es um ein Gesamtkonzept. Die Qualität der Fische ist dabei ein Teil von vielen. Gewässer sind komplexe ökologische Gebilde. So gut es die wirtschaftlichen Erfordernisse erlauben, soll Fischzucht die mittlerweile stark gefährdete ökologische Vielfalt rund um und in den Teichen erhalten. Flussregulierungen, Kraftwerke und manchmal auch schlechte Wasserqualität haben enorme Auswirkungen auf den Fischbestand unserer Seen und Flüsse. Manche Fische, die früher durchaus verbreitet waren, gibt es heute gar nicht mehr. Viele andere sind unmittelbar vom Aussterben bedroht. Sogar geläufige Fischarten wie die Forelle würden ohne künstlichen Fischbesatz in manchen Regionen nicht überleben.

Eine gesunde Fischpopulation braucht ein intaktes ökologisches Umfeld. Ohne eine möglichst natürliche und vielfältige Vegetation in und rund um die Teiche verschwinden Insekten, Kleingetier und damit auch das natürliche Futter für Jungfische. In unseren Seen und Flüssen hat sich gezeigt: Irgendwann verschwinden dann auch die Fische. Die Mitglieder der ARGE Biofisch sehen in Biodiversität daher schlicht eine Notwendigkeit. Um sie zu erhalten, berät man interessierte Zuchtbetriebe, betreibt Lobbying und versucht generell, ein Bewusstsein für das Thema nachhaltige Fischerei zu schaffen.

Biofisch, was ist das?

Als ich mich mit Marc traf, wusste ich natürlich, dass ich von der Fischerei keinerlei Ahnung hatte. Was mir nicht bewusst war: Ich hatte auch keine Ahnung davon, was bei Fisch eigentlich Bio ist. Meiner Vorstellung nach braucht man nur in die Alpen zu fahren und einen Bauern zu finden, der Fische hält, die in schönem,

klarem Wasser schwimmen. So einfach ist das aber leider nicht, auch wenn die Wasserqualität selbstverständlich eine große Rolle spielt. Wer kleine Fischzuchten kennt und Wert auf nachhaltige, biologische Produktion legt, kommt nicht darum herum, den Betreibern einige Fragen zu stellen. Wenn der Fisch bio-zertifiziert ist, so ist das auf jeden Fall ein gutes Zeichen, denn die Richtlinien für Fisch sind streng.

Wie bei allen Tieren spielt Zucht auch bei Fischen eine enorme Rolle. Selbstverständlich darf das Erbmaterial von Biofischen nicht genetisch verändert sein. Auch In-vitro-Zucht ist verboten, was gar nicht so selbstverständlich ist. Im konventionellen Bereich werden zum Beispiel künstliche „Monosexbestände" durch Hormonbehandlung oder Sterilisierung erzeugt. Diese wachsen nämlich in der Regel schneller. Um sicher zu sein, dass dies nicht der Fall ist, müssen bei Bio-Fischen daher schon die Muttertiere aus einer Bio-Zucht kommen. Auch der Besatz der Teiche, also wie viele Fische pro Kubikmeter erlaubt sind, ist im Bio-Bereich ungleich geringer als in der konventionellen Zucht. Und natürlich soll das Leben rund um den Teich als wesentlicher Faktor erhalten bleiben. Ein Betonteich mit Naturboden wäre für Marc die schlechteste aller Varianten, gälte aber gerade noch als Bio. Ideal ist ein richtiger Naturteich wie jener im Waldviertel, denn nur dann kann die Vielfalt in und um den See erhalten werden. Jedes noch so kleine Tier spielt darin eine wichtige Rolle. Friedfische, also die Vegetarier unter den Fischen, können ihre Nahrung direkt aus der Natur beziehen, vorausgesetzt, diese ist intakt. Man spricht dann von „flächengebundener Teichwirtschaft", also einer Form von Weidewirtschaft. Wenn zugefüttert werden muss, etwa um ein schnelleres Wachstum der Fische zu erzielen oder damit diese leichter überwintern, so wird das Futter von Bauern aus der Umgebung besorgt. Und dieses muss selbstverständlich ebenso strengen Bio-Kriterien entsprechen.

Futter ist aus vielen Gründen ein besonders kontroverses Thema. In Aquakulturen – Teichwirtschaft ist sozusagen die „klassische" Form von Aquakultur – wird immer wieder durch Futter „überdüngt" oder es werden Medikamente zugefüttert. Das ist notwendig, da in vielen Zuchten eine extrem hohe Fischdichte herrscht, die es Parasiten und Krankheiten leicht macht, sich auszubreiten. Diese mit den Fischen gemeinsam gezüchteten Krankheiten befallen aber auch angrenzende wilde Tierarten und Fische, die ihrerseits leider nicht geimpft und mit Antibiotika behandelt wurden. Durch die starke Selektion von Zuchtfischen können sie in der natürlichen Umwelt kaum überleben. Wenn sie ihren Becken entkommen, was nicht selten der Fall ist, so belastet das auch das angrenzende Ökosystem. Obwohl Aquakulturen immer wieder als Lösung gegen die Überfischung der Meere gepriesen werden, stellen sie mittlerweile ein ernsthaftes Umweltrisiko dar. Problematisch ist sowohl die enorme Menge an erzeugtem Fischkot als auch die Zerstörung bestehender Ökosysteme, um Aquakulturen überhaupt erst zu bauen. Von den gesellschaftlichen Problemen, die besonders in südlichen Ländern und Kontinenten damit einhergehen, ganz zu schweigen.

Einer der größten Einwände gegen Aquakulturen betrifft erstaunlicherweise die Überfischung der Meere und damit zusammenhängend noch einmal das Futter und leider auch unsere heimische Fischproduktion. Wie viele Speisefische derzeit konkret bedroht sind, kann man eindrucksvoll in den aktuellen Greenpeace-Berichten zur Überfischung der Meere nachlesen. Ich persönlich hatte deshalb beschlossen, keinen Meeresfisch mehr zu essen und stattdessen auf heimische Tiere wie Forellen oder Saiblinge zurückzugreifen. Ganz so einfach ist das aber leider nicht, erklärte mir Marc Mößmer. Raubfische werden in jeder Form von Teichwirtschaft und Aquakultur nämlich mit sogenanntem „Futterfisch", beziehungsweise daraus erzeugtem Fischmehl gemästet. Dieser Futterfisch stammt selbstverständlich aus dem Meer. Das Absurde daran ist, dass im schlechtesten Fall für ein Kilogramm Forelle oder Saibling bis zu 10 Kilogramm Meeresfisch benötigt werden. Aus wirtschaftlicher Sicht mag das dennoch interessant sein. Zu Mehl werden nur jene Fische verarbeitet, die schlechtere Preise auf dem Weltmarkt erzielen, auch wenn sie essbar wären. Ökologisch betrachtet, aber auch in sozialer Hinsicht, ist die Bilanz katastrophal. Man muss nur bedenken, dass sich die Menschen der Entwicklungsländer, vor deren Küsten der Futterfisch größtenteils gefangen wird, selbst kaum Fisch leisten können.

Marc Mößmer hat die Art und Weise, wie Raubfisch bei uns erzeugt wird, schon während seiner Studienzeit gestört. Mit Nachhaltigkeit hatte das seiner Meinung nach gar nichts zu tun. In den von ihm verfassten Biorichtlinien für Binnenfisch steht daher, dass nur Fischmehl aus Abfallverwertung verwendet werden darf. Mehl von Frischfang darf zum Füttern von Bio-Fischen seither nicht mehr benutzt werden. Mittlerweile gibt es dank Marcs Arbeit spezialisierte Firmen, die Bio-Fischmehl erzeugen. Derzeit wird sogar daran geforscht, inwieweit man Insekten züchten und zu Mehl verarbeiten könnte. Auch am Verhältnis von Fischmehl zu erzeugtem Fisch wird gearbeitet. Die Mitglieder der ARGE Biofisch produzieren derzeit mit Verhältnissen zwischen 1:3 kg und 1:1 kg, benötigen also viel weniger Meeresfisch. Wer Fisch essen will und wirklich gar nichts aus dem Meer auf seinem Teller haben möchte, wird vorerst trotzdem nicht darum herumkommen, auf Friedfische umzusteigen. Vielleicht ist das der Grund, aus dem Marc am liebsten Karpfen züchtet. Er ist der weltweit einzige Fisch, der von Greenpeace ohne Einschränkungen empfohlen wird.

Karpfen und Schleie

Karpfen hat zu Unrecht einen schlechten kulinarischen Ruf. Ein gut gehaltener und naturnah gefütterter Karpfen schmeckt weder schlammig, noch ist er übermäßig fett. Ganz im Gegenteil,

richtig zubereitet, kann er ausgesprochen delikat sein. Man sollte allerdings wissen, wie man den Fisch ausnimmt oder gegebenenfalls schröpft, um die langen Gräten sachgemäß zu entfernen oder zu zerkleinern. Bei der Biofisch GmbH ist das natürlich kein Problem. Marc und seine Mitarbeiter sind Profis: Auf Wunsch werden Fischsteaks geschnitten, wird geschröpft oder filetiert. Derart behandelt spürt man von den Gräten meistens gar nichts mehr. Man kann den etwas unbeliebten Fisch sogar wunderbar roh verspeisen. In Zitronensaft bereitet man ihn wie ein Carpaccio oder eine südamerikanische Ceviche zu: ein Genuss!

Auch vom Karpfen lässt sich sagen: Der Geschmack des Fisches beginnt mit jenem des Futters. Der schlammige Geschmack, das „Grundeln", entsteht dadurch, dass schlecht gehaltene Karpfen oft eine ganz bestimmte Alge fressen, die durch Überdüngung am Boden der Hälterungen entsteht. In konventionellen Betrieben müssen die Fische daher oft, bevor sie in den Handel kommen, ohne Zufütterung in besonders klarem Wasser „ausgewassert" werden. Bei den Fischen aus Marcs Himmelsteich ist das nicht nötig.

Nicht nur Algen verändern den Geschmack des Fisches. Bei einem meiner Besuche im Waldviertel drückte mir Marc ein haselnussgroßes gepresstes Pellet in die Hand. Ich solle kosten. Das kleine Presswerk schmeckte ehrlich gesagt gar nicht schlecht. Es handelte sich um gemahlene Walnüsse von einem nahen Bauern – bestes Fischfutter!

Das Gute an der Karpfenzucht ist nicht nur der Karpfen. Mit dem berüchtigten Fisch werden in der naturnahen Zucht immer auch andere Fische gehalten. Im Teich schwimmen Schleien, Rotaugen, Rotfedern und Brachsen. Diese Vielfalt ruft auch Raubfische auf den Plan. Zander, Barsche und der berüchtigte Hecht im Karpfenteich sind keine Seltenheit. Diese sogenannten Vielfaltfische gibt es ab November, nach dem großen Abfischen des Teichs, auch zu kaufen. Wer Vielfaltfische oder andere Besonderheiten will, sollte diese bei Marc am Anfang der Fischsaison bestellen. Eines muss allerdings vorausgeschickt werden: Natürliche Haltung führt auch in der Fischerei dazu, dass es nicht immer jeden Fisch zu kaufen gibt.

In den Verkauf, erzählte mir Marc abschließend, sei er übrigens zufällig „hineingerutscht". Zwar hatte er früh begonnen, Karpfen zu züchten, ihre Vermarktung übernahm er wegen der Bauern, die er für die biologische Produktionsweise gewinnen wollte. Diese wollten selbst nämlich am liebsten gar nicht vermarkten. Also wurde die Biofisch GmbH mit Sitz in Wien gegründet. Seither werden Fische immer Anfang der Woche – lebendig in Wassertanks – in die Bergsteiggasse in Hernals gebracht. Je nach Betrieb werden sie aus beinahe ganz Österreich angeliefert. Raubfische wie Saibling und Forelle stammen vorwiegend aus dem Alpenraum. Den Karpfen holt Marc aus dem Waldviertel. In Wien kann man Fisch dann donnerstags und freitags ab Hof kaufen. An Wochenenden hat die Biofisch GmbH außerdem Stände auf vielen Wiener Märkten. Einmal im Monat wird zusätzlich ein Fischheuriger veranstaltet. Eine gute Gelegenheit, den Betrieb zu besuchen und eine der Delikatessen zu kosten: zum Beispiel Saibling als Steckerlfisch, erstklassige Fischburger oder als Besonderheit: Ceviche vom rohen Karpfen!

Biofisch GmbH Infos

Hofverkauf in der Bergsteiggasse ist immer Donnerstag und Freitag 12–18 Uhr.

Ab September gibt es Frischfisch auf zahlreichen Märkten in Wien, zum Beispiel auf der Freyung, am Yppenmarkt, Kutschkermarkt oder dem Karmelitermarkt. Da sich Öffnungszeiten und Marktzeiten ändern können, empfehle ich einen Blick auf die Homepage. Biofisch kann auch direkt über ein Online-Bestellformular geordert werden und wird dann an einen erwünschten Marktstand oder per EMS direkt ins Haus geliefert. Auch in vielen Bioläden gibt es Ware von der Biofisch GmbH. Am besten einfach nachfragen, der Fisch kann über den Bio-Großhandel auch bestellt werden! Über ausgewählte kleine Produzenten werden mittlerweile auch Hühner verkauft. So gut es geht, handelt es sich dabei um Zweinutzungshühner und keine Hybridrassen.

Bergsteiggasse 5, 1170 Wien
Telefon: +43 (0) 699 17189665
office@biofisch.at
www.biofisch.at

Waldviertler Bouillabaisse

für 4 Personen

ZUBEREITUNG

1.
Den Fisch filetieren, die Filets von der Haut schneiden und die gröbsten Gräten zupfen. Die Fischfilets in 3–4 cm große Stücke schneiden und kühl stellen.
2.
Die Karkassen (Skelette mit Kopf und Haut) mit kaltem Wasser abbrausen, in einem Topf mit 3 Liter kaltem Wasser zustellen und langsam zum Kochen bringen.
3.
Zwiebeln, Karotten und Petersilwurzel dünn schälen und mit Stangensellerie und Paradeisern in grobe Stücke schneiden. Die Knoblauchknolle halbieren.
4.
Sobald die Suppe zu kochen beginnt, den auftretenden Schaum abschöpfen. Nach 20 Minuten,das Gemüse, die Gewürze und die Zitrusscheiben sowie 1/4 TL Salz hinzufügen und die Suppe eine weitere Stunde köcheln lassen.
5.
Die Fischsuppe durch ein mittelfeines Sieb gießen, dabei Fischreste und Gemüse mit einer Teigkarte durchpassieren. Die Suppe um ein Drittel einreduzieren.
6.
Die Erdäpfel schälen und mit der Fenchelknolle in 1 cm große Stücke schneiden. Beides in Olivenöl anrösten, mit Wein ablöschen und mit Suppe aufgießen. Safran einrühren und alles so lange köcheln lassen, bis die Erdäpfel weich sind. Mit Salz und Pfeffer abschmecken. Die Fischwürfel einlegen und unter dem Siedepunkt circa 5 Minuten gar ziehen lassen.
7.
Die Bouillabaise mit Fenchelgrün bestreuen und mit geröstetem Brot servieren.

ZUTATEN

Bouillabaisse:

Karpfen, Hecht, Schleie mit gesamt 1,5 kg (im Ganzen oder filetiert mit beigelegten Karkassen vom Fischhändler)

2 Zwiebeln
100 g Karotten
100 g Petersilwurzel
100 g Stangensellerie
5 Paradeiser
1 kleine Knoblauchknolle
1 TL Fenchelsamen
2 Anissterne
2 TL Pfefferkörner
1 Orangenscheibe
1 Zitronenscheibe
Meersalz, Pfeffer

Als Einlage:

250 g speckige Erdäpfel
1 Fenchelknolle
4 EL Olivenöl
1/8 l Weißwein
1 g Safranfäden

Eine Bouillabaisse ist eigentlich ein südfranzösisches Gericht. Ganz ursprünglich wurde die Bouillabaisse aus der Vielfalt an Fangresten, also den kleinen, recht unterschiedlichen Fischen, die beim Fischfang übrig blieben, zubereitet. In Marseille hat diese Fischsuppe Tradition und gilt als Spezialität. Heute werden meistens sieben ganz bestimmte Meeresfischsorten und zusätzlich noch Meeresfrüchte verwendet. Diese werden in Marseille übrigens nicht in der Suppe gekocht, sondern nur pochiert, also ganz langsam unter dem Siedepunkt gegart. Alexander hat sich von der Marseiller Tradition inspirieren lassen und diese wunderbare Waldviertler Variante des Rezeptes kreiert. Im Vordergrund stand die Idee, dass auch in Karpfenteichen eine Vielfalt unterschiedlicher Fische lebt, die oft gar nicht vermarktet werden. Sämtliche Fische aus dem Karpfenteich passen zu diesem Rezept. Ideal ist also, es im Herbst zuzubereiten, wenn die großen Teiche abgefischt werden und die sogenannten Vielfaltfische zusätzlich zu den Karpfen verfügbar sind. Auf Seite 232 sehen sie die Karkassen, die als Ausgangsbasis für unsere Fischsuppe dienten.

Asiatisches Carpaccio vom Karpfen

für 4 Personen

ZUBEREITUNG

1.
Die Chili, je nach gewünschter Schärfe mit oder ohne Kerne, möglichst fein hacken und mit Limettensaft, Zucker und den Saucen verrühren, bis sich der Zucker aufgelöst hat.
2.
Das Karpfenfilet in 3 mm dünne Scheiben schneiden und dabei sorgfältig von Gräten befreien. Die Scheibchen nebeneinander flach auf Tellern platzieren und mit der Marinade beträufeln. 30 Minuten ziehen lassen.
3.
Inzwischen Jungzwiebeln, Radieschen und Apfel in Streifen schneiden und mit den geputzten Pilzen in eine Schüssel geben.
4.
Essig mit Knoblauch, Wasabi, Salz und Rapsöl verrühren und mit Kresse unter den Salat mengen.
5.
Den Salat dekorativ auf die marinierten Karpfenfilets setzen und mit Kresse garnieren.

ZUTATEN

Carpaccio:

1 kleine rote Chili
Saft einer Limette
1/2 TL heller Rohrzucker
1 EL thailändische Fischsauce
1 EL helle Sojasauce
350 g Karpfenfilet ohne Haut

Salat:

2 Jungzwiebeln
4 Radieschen
1 saurer Apfel
1 kleine Handvoll Enoki-Pilze
2 EL Weißweinessig
1/2 kleine Knoblauchzehe, gepresst
1/2 TL Wasabi
Salz
3 EL Rapsöl
2–3 EL junge Kresse

Einen Karpfen kann man, vorausgesetzt er hat beste Qualität, auch wunderbar roh verspeisen, wie dieses Rezept veranschaulicht. Um Gräten zu vermeiden, lässt man ihn dafür am besten schon vom Fischhändler vorbereiten. Ganz wichtig ist außerdem, dass der Fisch wirklich frisch ist. Er sollte am selben Tag noch gelebt haben. Auf diese Weise zubereitet, steht Carpaccio vom Karpfen jenem von anderen Fischsorten in nichts nach.

Michael Langoths Fenchelfisch

für 4 Personen

ZUTATEN

Fenchel:

2–3 große, geschnittene Fenchelknollen
Olivenöl
Meersalz
1 TL Fenchelsamen
1 Spritzer Pernod (oder Pastis)

Karpfen:

600 g Karpfenfilets, geschröpft mit Haut
1 TL Fenchelsamen
Salz
ein Schuss Pernod (oder Pastis)
frisch gemahlener Pfeffer
Öl und Butter zum Braten

ZUBEREITUNG

1.
Für das Gemüse den Fenchel in Würfel, Scheiben oder Streifen schneiden. Das Fenchelgrün zum Garnieren beiseite legen.
2.
Den Fenchel in Olivenöl auf kleiner Flamme geduldig goldbraun anbraten. Am besten einen Deckel auf die Pfanne setzen, damit er im eigenen Saft sowohl brät als auch leicht dämpft. Er soll ruhig ein wenig anbräunen, damit er mehr Aromen entwickelt. Fenchelsamen dazugeben. Mit einem kleinen Spritzer Pernod ablöschen und beiseite stellen.
3.
Für den Karpfen Fenchelsamen in einem Mörser leicht stoßen.
4.
Die Karpfenfilets auf beiden Seiten mit Salz und zerstoßenen Fenchelsamen würzen. Den Fisch zunächst nur auf der Hautseite in Öl und Butter braten. Erst wenn er beinahe fertig ist, kurz umdrehen. Den Fisch aus der Pfanne nehmen und den Bratenrest mit einem kräftigen Schuss Pernod ablöschen. Die Sauce etwas einreduzieren lassen.
5.
Das Gericht heiß anrichten, mit Fenchelgrün garnieren und mit frisch gemahlenem Pfeffer würzen.

Dieses Rezept hat mir ein Freund, der Fotograf, Musiker und Kochbuchautor Michael Langoth verraten. Jeden Freitag Abend lädt er Freunde zu sich nach Hause ein, um gemeinsam mit seinen Gästen zu kochen. Michaels Kochbücher sind mittlerweile zu Bestsellern geworden und absolut empfehlenswert. Die Kochsessions bei ihm zu Hause sind im Freundeskreis dementsprechend begehrt und funktionieren ein wenig wie Musiksessions. Wie beim Jammen mit Instrumenten entstehen auch die Gerichte sehr ungezwungen und gemeinsam. Von einem dieser Abende stammt dieses Rezept. Michaels Fenchelfisch war eigentlich ein Pangasius. Ich finde allerdings, dass das Rezept auch mit Karpfen sehr gut funktioniert. Die Sauce wird dank des Fettgehaltes vom Karpfen angenehm sämig und buttrig. Da der Fisch geschröpft sein sollte, muss man beim Wenden am Schluss etwas vorsichtig sein, dass die Filets nicht zerfallen.
Pernod ist eine französische Spirituose. Ursprünglich war er ein Absinth, enthält heute allerdings keinen Wermut mehr. Für dieses Gericht hat Michael ihn aufgrund seines starken Anisgeschmacks ausgewählt. Man nennt ihn deshalb auch Anisée. Theoretisch könnte man auch andere ähnliche Spirituosen verwenden, zum Beispiel einen Pastis oder Ouzo, der allerdings sehr scharf ist. Wichtig für den Geschmack ist allerdings, dass viele Anisées noch mit anderen zusätzlichen Kräutern versetzt werden. Im Pernod sind zum Beispiel auch Essenzen von Fenchel, Minze und Koriander enthalten. Wenn Sie einen anderen Anisée auswählen, achten Sie also auf den jeweiligen Geschmack.

Karpfen mit Zitronen-Pepperonata

für 4 Personen

ZUBEREITUNG

1.
Die Grillfunktion des Ofens einschalten und die Paprika von allen Seiten unter dem Grill braten, bis die Haut schwarze Blasen wirft. Paprika 5 Minuten mit einem feuchten Tuch bedecken und anschließend die Haut abziehen, halbieren, entkernen und in breite Spalten schneiden.
2.
Zitrone und Knoblauchzehen in dünne Scheiben schneiden. Die Zitronenscheiben in Wasser 10 Minuten kochen. Danach mit den Knoblauchscheibchen in 125 ml frischem Wasser und 50 g Zucker 20 Minuten köcheln.
3.
Knoblauch und Zitronenscheiben in Olivenöl 10 Minuten auf kleiner Flamme schmoren, geschnittene Paprika hinzufügen, salzen, pfeffern und mit Zitronensirup süßen.
4.
Den Karpfen innen und außen sauber waschen und trocken tupfen, auf ein tiefes Backblech setzen und das Backrohr auf 200 °C Umluft vorheizen.
5.
2 EL Kräuter mit dem Zitronensaft, Öl, Salz, Pfeffer und Gewürzen verrühren und damit den Karpfen innen und außen marinieren. 1 EL der Kräuter zum späteren Servieren beiseite stellen.
6.
Den Fisch 15 Minuten im Ofen braten. Dann die Ofentemperatur auf 150 °C reduzieren, den Weißwein angießen und den Karpfen in 25–30 Minuten fertig schmoren.
7.
Den Karpfen behutsam filetieren, die Backerl nicht vergessen. Mit warmer Pepperonata und den restlichen Kräutern bestreut servieren. Dazu eignet sich als Beilage eine cremige Polenta.

ZUTATEN

Zitronen-Pepperonata:

je ein gelber, roter und grüner Paprika
1 reife Biozitrone
3 Knoblauchzehen
50 g Zucker
125 ml Olivenöl
Salz, Pfeffer

Karpfen:

1 küchenfertiger Karpfen à 1,5 kg
3 EL gehackte Kräuter
(Oregano, Thymian, Melisse)
Saft einer Zitrone
2 EL Sonnenblumenöl für die Marinade
1/2 TL zerstoßener bunter Pfeffer
1/2 TL Paprika, edelsüß
Salz
1/8 l Weißwein

Wir haben den ganzen Karpfen direkt vor Marc Mößmers Hütte im Waldviertel auf dem Lagerfeuer gegrillt. Selbstverständlich kann man den Fisch, wie im Rezept oben beschrieben, auch zu Hause im Ofen zubereiten. Die kräftigen Raucharomen durch das Feuer fehlen dann zwar, der Fisch wird aber trotzdem ausgezeichnet schmecken. Sollten sie die Pepperonata beim Grillen im Freien machen wollen, dann emfpiehlt sich zum Häuten der Paprika, diese mit einem Ast über das Feuer zu halten. Danach kann man die Haut ganz leicht abziehen.

Karpfen rosarot

für 4 Personen

ZUTATEN

Sauce:

150 g vorgekochte Rote Rüben
100 g weißer Lauch
1 EL Butter
1 Prise Zucker
1/8 l Sekt
1/8 l Rote-Rüben-Saft
250 ml Fischfond
150 ml Obers
1 Spritzer Zitronensaft
Salz, Pfeffer, Cayennepfeffer

Spieße:

8 Schalotten
12 kleine Erdäpfel
2 EL Rapsöl
1 EL krause Petersilie, fein gehackt

Karpfen:

Karpfenfilets, geschröpft mit Haut
Saft einer Zitrone
Salz, Pfeffer
1 TL zerstoßene Koriandersamen
1 EL Rapsöl
1 EL Butter

ZUBEREITUNG

1.
Die Roten Rüben in 1 cm große Würfel und den weißen Lauch in feine Streifen schneiden.

2.
Den Lauch in Butter und Zucker glasig anschwitzen. Mit Sekt und Rübensaft ablöschen, die Rübenwürfel hinzufügen und sirupartig einkochen. Mit Fischfond und Obers aufgießen und 10 Minuten köcheln. Mit einem Stabmixer fein pürieren und mit Salz und Cayennepfeffer abschmecken.

3.
Schalotten und Erdäpfel schälen und in Salzwasser weich kochen. Etwas ausdampfen lassen und auf Spieße stecken. In Öl von allen Seiten scharf anbraten, salzen und pfeffern und mit Petersilie bestreuen.

4.
Die Karpfenfilets mit Zitronensaft säuern, mit Salz, Pfeffer und Koriander bestreuen und auf der Hautseite in Öl und Butter knusprig braten. Den Fisch wenden und auf kleiner Flamme gar ziehen lassen.

5.
Den Fisch in einem tiefen Teller anrichten und mit den Spießen servieren.

Wir haben alle unsere Fischrezepte in der Karpfensaison, im November, direkt am Waldviertler Teich in Marc Mößmers Fischerhütte fotografiert. Im Bild rechts werfen Sie einen Blick in den Garten vor der Fischerhütte.

Der Karpfen rosarot ist ein richtiges Herbst- und Wintergericht. Besonders an kalten Tagen wärmt es und gibt Kraft, wie wir im Waldviertel am eigenen Leib erleben durften. Das Tolle an Karpfen ist, dass man sie sehr vielfältig zubereiten kann. In der Biofisch GmbH können Sie deshalb eine von Marc Mößmer verfasste Rezeptesammlung erwerben, die nicht nur mit einer Vielzahl unterschiedlicher Zubereitungsarten aufwartet, sondern zusätzlich viel Wissenswertes zu sämtlichen Fischarten aus dem Karpfenteich anbietet - eine absolute Empfehlung!

Lebensmittelbeschaffung

Lebensmittel abseits gewohnter Wege zu besorgen ist nicht immer einfach. Die Vorraussetzungen dafür sind, je nachdem wo man lebt, sehr unterschiedlich. Landschaft und Klima bestimmen insbesondere, wenn ohne chemisch-synthetische Pflanzenschutz- und Düngemittel gearbeitet wird, maßgeblich, was wächst, ob Gemüse oder Obst angebaut, Tierhaltung bevorzugt wird oder ob Mischbetriebe entstehen. In den östlichen Bundesländern und im Alpenvorland wird man deshalb viel leichter zu frischem Gemüse kommen, während in den Alpen vor allem Milchwirtschaft betrieben wird, was wiederum eine reiche Käsekultur oder Traditionen wie das Räuchern und Haltbarmachen von Speck entstehen ließ.

Es stellt sich außerdem die Frage, welche Entfernung Lebensmittel zurücklegen sollen, um noch „regional" genannt und als Nahversorgung bezeichnet zu werden. Oft wird dafür ein Radius von ungefähr 100 km angegeben, wobei ich der Meinung bin, dass man da nicht allzu genau sein muss. In manchen Fällen kann ein längerer Transportweg sogar ökologischer sein – etwa wenn für Gemüseanbau in kaltem Klima Glashäuser beheizt werden müssten, die dann womöglich zu einer schlechteren ökologischen Bilanz führen als der Transport per LKW.

Worauf man achten sollte und welche Fragen man vor Ort stellen kann, wenn man interessante Produkte gefunden hat, darum ging es in den vorangehenden Kapiteln. Nun erfahren Sie, wie man sich am besten auf die Suche danach macht und auf welchem Weg man die Lebensmittel am einfachsten besorgt. Viele Konsumenten werden deshalb von sich aus aktiv, schließen sich zu Gemeinschaften zusammen, gründen Lebensmittelnetzwerke oder Food Coops.

XIII. Wie finde ich nahe Betriebe?

Lebensmittel finden

Es gibt viele Wege, um kleine Biobetriebe und Direktvermarkter im eigenen Umfeld zu finden. Wer konkret nach Bio sucht, der wird in den Einkaufsführern der Bio Austria erschöpfende Listen mit Landwirtschaften und Märkten zu den jeweiligen Bundesländern finden. Diese Einkaufsführer bestellt man direkt bei der Bio Austria und sie sind gratis. Für einige Bundesländer liegen solche Führer allerdings nicht in gedruckter Form vor, sondern sind nur digital erhältlich, und für Niederösterreich gibt es als einziges Bundesland leider keinen Einkaufsführer. Wenn Sie auf den Internetseiten der Bio Austria sind, geben sie am besten „Einkaufsführer" und ihr jeweiliges Bundesland in das Suchfeld ein – so finden sie am schnellsten zu den manchmal etwas versteckten Broschüren. Alternativ und noch einfacher: Rufen Sie bei der jeweiligen Landesvertretung der Bio Austria an. Man ist dort ausgesprochen freundlich und kann Ihnen, wenn Sie nach etwas ganz Speziellem suchen, vielleicht sogar gleich am Telefon helfen. Zusätzlich arbeitet man beim Bioverband auch an einer Online-Version der Einkaufsführer, der Biomaps Austria, die in unregelmäßigen Abständen aktualisiert wird. Es werden dort beinahe 3000 Betriebe aus ganz Österreich aufgelistet. In Zukunft hofft man mit den Biomaps übrigens, sogar eine Art Online-Portal zur Verfügung stellen zu können, über das man direkt bei den Erzeugern Waren bestellen kann.

Neben der Bio Austria gibt es vor allem im Internet noch eine Reihe anderer Bio-Verzeichnisse und Datenbanken, die eine Unzahl an Direktvermarktern, Gemüsekistenversand oder sogar Online-Bestellung und -Versand anbieten. Beispiele sind die Seiten von Taste Austria, animal.fair und des Vereins Gartenpolylog. Auch über die Seiten von Slow Food Austria kann man Lieferanten finden. Gemeinsam mit Slow Food wurde sogar ein Online-Versand namens Vielfalt.com gegründet, wo man ganz unterschiedliche Lebensmittel von ausgezeichneter Qualität bestellen kann. Die Arche Noah schließlich listet sämtliche Partner des Vereins – die sogenannten Vielfaltbetriebe – auf ihrer Internetseite auf und bietet damit eine ausgezeichnete Möglichkeit, Erzeuger seltener Gemüsesorten zu finden. Erwähnenswert ist auch „Bio vom Berg", ein Label, unter dem beinahe 600 Lebensmittellieferanten in Tirol ihre Waren vermarkten. Zwar sind das nicht ausschließlich Kleinvermarkter, allerdings kann man solche über die Seiten von Bio am Berg recht schnell ausfindig machen. Die Adressen der eben genannten Verzeichnisse finden Sie weiter unten oder mit vielen zusätzlichen persönlichen Empfehlungen und einer Liste aller aktiven solidarischen Landwirtschaften und Einkaufsgemeinschaften Österreichs auf dem „Ab Hof"-Poster im Anhang dieses Buches.

Selbstverständlich können Sie sich auch selbst auf die Suche machen – das ist einfacher, als man denkt. Es gibt unzählige gute, kleine Betriebe in Österreich. Sobald man einmal angefangen hat, danach zu suchen, werden einem diese überall ins Auge springen. Ein guter Anfang ist es, auf Märkten oder in Bioläden nach Produzenten oder konkreten Produkten, zum Beispiel nach Zweinutzungshühnern, zu fragen. Ein gut sortierter Bio-Laden kauft nicht nur im Großhandel, sondern bezieht seine Waren von vielen kleinen Erzeugern, die er Ihnen gerne nennen wird. Was Biobauern betrifft, habe ich die Erfahrung gemacht, dass diese unter Umständen sogar ihre Konkurrenten preisgeben – solange die Philosophie hinter dem Produkt des Mitbewerbers stimmt. Oft arbeiten unterschiedliche Bauern zusammen, um Produkte gemeinsam besser vermarkten und ausliefern zu können. Man kann daher wie bei einem „Schneeballsystem" vorgehen und bei schon gefundenen Produzenten nach anderen Erzeugnissen fragen. Auf diese Weise werden Sie langsam ein Netzwerk für eine eigene kulinarische Reise aufbauen können.

Ein sehr schöner Weg, Betriebe nicht nur zu finden, sondern persönlich kennenzulernen, ist schließlich das sogenannte WWOOFer-Netzwerk. „World Wide Opportunities on Organic Farms", oder besser noch „We are Welcome on Organic Farms" bietet die Möglichkeit, aus einem Verzeichnis unterschiedlicher Biobetriebe auszuwählen und vor Ort selbst mitzuarbeiten. Wer seine Karotten einmal selbst angebaut oder bei der Ernte mitgeholfen hat, Most oder andere Produkte hergestellt hat, für den werden die Lebensmittel einen ganz anderen Stellenwert einnehmen und womöglich sogar ein klein wenig besser schmecken.

Sobald Sie die Landwirte Ihrer Wahl gefunden haben, scheuen Sie sich nicht davor, diese ein wenig zu löchern und Ihnen Fragen zu ihren Produkten zu stellen. Sie werden merken: Produzenten, die mit Freude und Überzeugung arbeiten, verraten Ihnen ausführlich und mit Begeisterung alles über ihre Erzeugnisse.

Wenn Ihnen die Suche – oder später das Beschaffen der Lebensmittel – allein zu mühsam ist, sollten Sie überlegen, ob es nicht sinnvoll wäre, sich mit Gleichgesinnten zu einer Lebensmittelkooperative zusammenzuschließen. Was das genau ist, erfahren Sie im nächsten Kapitel.

Bio Austria
Büro-Linz
Auf der Gugl 3, 4020 Linz
Telefon: +43 (0) 732 654884

Bio Austria
Büro-Wien
Theresianumgasse 11, 1040 Wien
Telefon: +43 (0) 1 403 70 50
www.bio-austria.at
www.biomaps.at

www.arche-noah.at/netzwerk/einkaufsverzeichnis
www.slowfoodaustria.at
www.vielfalt.com
gartenpolylog.org/gardens
www.animalfair.at
www.nahversorgungs.net
www.biologisch.at/bio-verzeichnis
www.tasteaustria.at
www.biovomberg.at
www.wwoof.at

XIV. Food Coops

Was heißt es, wenn ich im Laden höre, das gibt es gerade nicht? Woher kommt mein Salat? Und müssen Tomaten immer rot sein? In vielen Städten beginnen vor allem junge Menschen, solche Fragen zu stellen. Sie fahren zu Bauernhöfen, setzen sich kritisch mit der Herkunft ihrer Lebensmittel auseinander und organisieren sich in sogenannten Food Coops. David Bröderbauer von der Food Coop „Klappertopf" und zwei Mitglieder von „Attac", Roland Teufl und Martin Mayr, haben mir erklärt, worum es dabei geht.

Kulinarische Reisen

Lebensmittel direkt vom Bauern zu besorgen ist im Alltag nicht immer einfach. Unter Umständen muss man lange Wege in Kauf nehmen, manchmal verkaufen Bauern nur größere Mengen, die man allein oder zu zweit kaum verbrauchen kann. Frische Produkte wie Milch wird man nur dann direkt vom Bauernhof beziehen können, wenn man genug Zeit hat, diese zu holen und zu konsumieren. Viele Menschen schließen sich deshalb zu kleinen Einkaufsgemeinschaften, zu Food Coops, zusammen. Diese besorgen Lebensmittel direkt in der Region und stellen sie in kleinen Lagern für ihre Mitglieder bereit. Solche Gemeinschaften erleichtern das Einkaufen guter Ware enorm. In Österreich gibt es zurzeit – ausgehend von den großen Städten – einen regelrechten Boom.

Der Name Food Coop ist die Abkürzung von „Food Cooperative" und wird zu Deutsch auch „Lebensmittelkooperative" genannt. David Bröderbauer von der Food Coop „Klappertopf" hat versucht, mir zu erklären, wie genau diese funktionieren. Das ist gar nicht mal so einfach, denn es gibt sehr viele unterschiedliche Gemeinschaften, die alle ein wenig anders organisiert sind. Manche bestehen aus gerade einmal zehn Personen und entstanden zum Beispiel aus einer Wohngemeinschaft heraus, andere sind Vereine mit mehr als 100 Mitgliedern. Die meisten Kooperativen besorgen Obst und Gemüse, manche aber auch Fleisch, Wein oder sogar ökologisch produzierte Textilien und Spielzeug. Je nachdem, wie eine Food Coop organisiert ist, bringen die Mitglieder sich auf unterschiedliche Weise ein. Im Klappertopf gibt es Arbeitsgemeinschaften, die sich den unterschiedlichen zu erledigenden Aufgaben widmen, zum Beispiel der Mitgliederkommunikation, der Computertechnik oder dem Lagerdienst. Es gibt auch eine Arbeitsgemeinschaft, die nach Produkten und Produzenten sucht, am besten solche, die direkt vor Ort liefern. Manche Kooperativen holen sich ihre Lebensmittel oder einen Teil davon aber auch selbst von den einzelnen Betrieben ab. Eine mögliche Mitarbeit in einer solchen Kooperative könnte dann darin bestehen, zwei Mal im Jahr zu einem Bauernhof zu fahren, um die Produkte der Gemeinschaft abzuholen.

Wenn die Food Coop keine reine Bestellkooperative sein soll, wie das sehr oft der Fall ist, braucht sie ein kleines Lager, Kellerabteil oder Gassenlokal. Ein solches zu finden war für die Mitglieder des Klappertopfs eine ziemliche Herausforderung, denn hohe Mieten und Fixkosten kann man sich selbstverständlich nicht leisten. Oft haben die Kooperativen dann bestimmte Lageröffnungszeiten und es gibt Mitglieder, die den Lagerdienst übernehmen. Auch die Art und Weise, in der die Abholung der Lebensmittel organisiert wird, variiert von Gemeinschaft zu Gemeinschaft. Manchmal wird direkt im Lokal per Liste bestellt, bei anderen Kooperativen geht das im Internet. Eine deutsche Food Coop entwickelte sogar eine frei zugängliche Software, die vor allem von größeren Gemeinschaften gerne genutzt wird. Diese Software hilft, die Bestellungen der Mitglieder, den Einkauf bei den Betrieben und die generelle Abrechnung zu organisieren.

Viele Lebensmittelkooperativen funktionieren nach einem ähnlichen Prinzip wie die im ersten Kapitel vorgestellten solidarischen Landwirtschaften. Wenn solche Gemeinschaften Mitgliedsbeiträge haben, zum Beispiel um Mieten und laufende Kosten zu bestreiten, so können diese frei, nach Selbsteinschätzung, bezahlt werden. In manchen Fällen betrifft das sogar die Preise der Lebensmittel, vor allem, wenn diese von solidarischen Landwirtschaften bezogen werden. In solchen Food Coops gibt es dann manchmal Richtwerte, an denen man sich orientieren kann, oder eine Art Jahresbetrag, der insgesamt erreicht werden muss, damit man als Gemeinschaft keine Verluste macht – aber nicht einmal das ist notwendigerweise Voraussetzungen, denn nicht selten gibt es gar keine richtigen finanziellen Vorschriften. Dank der Zusammenarbeit der einzelnen Mitglieder geht es sich am Ende dann trotzdem aus. Da das nicht jedermanns Sache ist, gibt es selbstverständlich auch Kooperativen, die etwas genauer sind. In solchen zahlt man dann Vereinsbeiträge, um die anfallenden Ausgaben, Mieten, Reparaturen etc. bezahlen zu können. Im Klappertopf hat man zum Beispiel einmalig Eintrittsgeld verlangt, um Kühlschränke und Regale finanzieren zu können. Im laufenden Betrieb kostet der Beitrag für aktive Mitglieder nun zehn Euro pro Monat, für passive, die sich in keiner Arbeitsgruppe engagieren, 20 Euro. Die Höhe dieser Beiträge richtet sich nach der Anzahl der Mitglieder. Da der Klappertopf noch relativ klein ist, sind diese daher höher als in manch anderen Gruppen. Auch für die Abrechnung gibt es ganz unterschiedliche Modelle. In manchen Gemeinschaften ist alles sehr organisiert und läuft über Computersoftware und Vereinskassen, andere wiederum haben handschriftliche Listen im Vereinslokal aufliegen und das Geld wird in einer Kassa dort hinterlegt.

Wie man sieht, können Food Coops sehr unterschiedlich sein. Man sollte sich bei der Suche nach einer schon bestehenden Gemeinschaft also gut informieren, ob das jeweilige Konzept zu einem passt. Das ist üblicherweise kein Problem, denn die Kooperativen sind meist sehr darauf bedacht, ganz genau zu kommunizieren, was und wie alles gemacht wird. Es geht schließlich auch um eine bestimmte Philosophie – die Kritik am bestehenden Lebensmittelsystem. Dazu gehören Transparenz und Kommunikation. Nahrung soll ohne Marketingtricks nachhaltig und biologisch sein. Die Mitglieder des Klappertopfs überzeugen sich davon vor Ort, direkt bei den landwirtschaftlichen Betrieben. Wenn die Zeit der Mitglieder es zulässt, macht man eine gemeinsame kulinarische Reise oder wie David Bröderbauer es nennt: eine „Speisereise".

Ernährungssouveränität

Im Folder des Österreichischen Netzwerkes für Food Coops (www.foodcoops.at) kann man sich genauer über die Ideen hinter den immer beliebter werdenden Einkaufsgemeinschaften informieren. Man stößt dort schnell auf ein Stichwort, das ich schon von Beate Koller von der Arche Noah kenne: „Ernährungssouveränität". Ich habe mich mit Roland Teufl und Martin Mayr von der internationalen Bewegung Attac getroffen und sie gefragt, was genau damit gemeint ist.

Die Mitglieder von Attac sind einer breiteren Öffentlichkeit bekannt, weil sie sich für die Tobin-Steuer (*Tobin Tax*) also das Besteuern von Finanztransaktionen, einsetzen. Das Ziel der Bewegung ist allerdings wesentlich weiter gefasst. Es geht um die „demokratische und sozial gerechte Gestaltung der globalen Wirtschaft". Schritte auf dem Weg dorthin gibt es viele: besagte Finanztransaktionssteuer, Informationen über wirtschaftliche und auch gesellschaftliche Zusammenhänge, das Vernetzen unterschiedlicher Initiativen und schließlich die Entwicklung konkreter politischer Alternativen. Aus dem Umfeld von Attac kommen einige interessante gesellschaftspolitische Ideen und Versuche der letzten Jahre, zum Beispiel Christian Felbers Buch „Gemeinwohlökonomie", die man mit kleinen Firmen konkret umzusetzen versucht, oder die erste demokratische Bank Österreichs. Sehr allgemein gesagt, haben viele dieser Ansätze ein gemeinsames Ziel, nämlich die Demokratisierung aller Lebensbereiche. Dazu gehören auch Lebensmittel, denn der selbstbestimmte Zugang zu Nahrung ist – genau wie jener zu Wasser – eine Voraussetzung dafür. Roland und Martin beschäftigen sich genau mit diesen agrarpolitischen Themen. Sie sind Teil der Inhaltsgruppe „AgrarAttac".

Der Begriff „Ernährungssouveränität", erklärten mir die beiden, wurde 1996 von der weltweiten KleinbäuerInnenorganisation Via Campesina vorgestellt. Es handelt sich dabei um ein politisches Gegenmodell zum Konzept der „Ernährungssicherheit". Laut WHO gilt ein Haushalt dann als ernährungsgesichert, wenn seine Mitglieder nicht hungern und keine Unterernährung befürchten müssen. Für Ernährungssouveränität ist die reine Verfügbarkeit von Lebensmitteln alleine nicht genug. Lebensmittel sollen verfügbar, also leistbar, aber zusätzlich auch gesund sein. Sie sollen ökologisch nachhaltig und vor allem sozial gerecht produziert werden. Nahrung soll keine Ware sein, die dazu dient, Gewinn zu lukrieren. Damit das funktioniert, sollen die Produzenten und Konsumenten selbst ins Zentrum der Entscheidungsprozesse über Ernährungsfragen gestellt werden.

Von einem solchen Mitbestimmungsrecht sind wir heute leider noch weit entfernt. Großproduzenten führen zu enormen Marktkonzentrationen. Schon heute bestimmen nur sehr wenige Firmen, was weltweit angebaut wird und zu welchem Preis es erhältlich ist. Das betrifft nicht nur den Saatgut- und Düngemittelmarkt. Auch der Handel und die Verteilung von Lebensmitteln sind davon betroffen. In Österreich etwa teilen sich die drei größten Supermarktketten 80 Prozent des gesamten Marktes. Die vielen Argumente und Bedenken kleiner Erzeuger gegen solche Marktkonzentration werden von der Politik bislang leider wenig beachtet. Doch die Folgen sind weltweit bereits zu spüren. Viele Tausende Kulturpflanzen, aber auch Nutztierarten sind aufgrund des engen Fokus auf Wirtschaftlichkeit und Profit bereits verloren gegangen. Die Auswirkungen auf angrenzende Ökosysteme werden von unserer Art zu landwirtschaften sträflich vernachlässigt. Klimawandel und die sich stets verändernde Umwelt erfordern ein hohes Maß an Biodiversität – ob diese künstlich, in den Labors weniger Großkonzerne, erhalten werden kann, ist fraglich. Dazu kommen gesellschaftliche Probleme, die vor allem global betrachtet um sich greifen.

In Mittel- und Südamerika etwa, wo die Via Campesina ihren Ausgang nahm, haben viele Kleinbauern kaum noch eine Existenzgrundlage. Unter dem Druck internationaler Handelsketten sind die Preise, die sie für ihre Ware verlangen können, oft geringer als ihre Produktionskosten. Phänomene wie „Landgrabbing" sind für Länder mit niedrigem Preisniveau ein schwerwiegendes Problem. Konzerne kaufen dort massenhaft günstiges Land und pflanzen sogenannte „Cash Crops" an, zum Beispiel Raps, der dann zu Biosprit verarbeitet wird. Die sozialen Folgen für die lokale Bevölkerung sind oft katastrophal. Zwischenstaatliche Handelsabkommen sollten genau solche Dinge regeln. Der Blickwinkel, unter dem sie abgeschlossen werden, ist aber stets ein wirtschaftlicher und kaum je demokratisch und sozial, also um das Wohl aller bemüht. Das wird bereits dadurch deutlich, dass solche Abkommen stets hinter verschlossenen Türen verhandelt werden. Kritiker behaupten, solche Handelsabkommen hätten oft nur geringen Wert oder sogar negative Auswirkungen für die Bevölkerung. Ein gutes Beispiel ist der europäische Fischfang. Aufgrund der restlos überfischten Bestände Europas ist die hochtechnisierte EU-Fangflotte mittlerweile weltweit unterwegs. In Handelsabkommen, zum Beispiel mit afrikanischen Staaten, werden deshalb Fischereirechte gekauft. Das Problem daran ist, dass lokale Fischer mit den riesigen Schiffen der EU-Flotte nicht mithalten können. Kleine Erzeuger werden in direkte Konkurrenz zu industriellen Produzenten gesetzt. Afrikanische Fischer fangen in der Folge kaum etwas und verlieren ihre Existenzgrundlage. Von den geleisteten Ausgleichszahlungen sieht die Bevölkerung kaum etwas, denn viele Staaten sind entweder korrupt oder so hoch verschuldet, dass ein Großteil der Zahlungen direkt zurück in die Gläubigerländer, zum Beispiel in der EU, fließt.

Ernährungssouveränität heißt, dass sowohl afrikanische Fischer als auch europäische Konsumenten Zugang zu Lebensmitteln haben und dass sie beide an den wichtigen Entscheidungsprozessen darüber beteiligt sein sollen. Diese

Entscheidungen dürfen weder internationalen Konzernen noch korrupten Staaten überlassen werden, argumentiert Attac. Ernährungssouveränität betrifft dementsprechend auch die Frage, wer der Entscheidungsträger sein soll – eine kleine Elite an Weltmarktführern oder wir alle, der demokratische Souverän? Solidarische Landwirtschaften und Food Coops geben eine klare Antwort darauf: Die Menschen sollen wieder selbst entscheiden. Internationale Handelsabkommen, die letztendlich auch bestimmen, was auf unseren Tellern landet, müssen demokratisch ausverhandelt werden und sollten dem Wohl aller dienen. Damit diese Ideen nicht graue Theorie bleiben, werden Landwirtschaften und Gemeinschaften wie Food Coops gegründet, die konkrete Alternativen darstellen. Auch wenn die großen Probleme von Wirtschaft und Lebensmittelsystem damit nicht gelöst werden, es ist ein kleiner Anfang. Politik beginnt auf unseren Tellern.

Food Coop Infos

www.foodcoops.at
www.attac.at
www.viacampesina.at
www.ernährungssouveränität.at

Der Link ganz oben führt zum österreichischen Food Coops Netzwerk. Auf der Plattform ist ein Großteil der derzeit bestehenden Kooperativen in ganz Österreich aufgelistet. Das Netzwerk bietet aber auch Platz für Lebensmittelkooperativen, die gerade in Gründung sind und noch Mitglieder suchen, und hält nützliche Informationen bereit, falls man selbst eine Food Coop gründen will. Auch die Ideen, die dahinter stecken, werden eingehend erklärt. Über die gesellschaftskritischen Aspekte von Ernährungssouveränität kann man sich auf den Seiten von Attac, der Via Campesina oder im Österreichischen Forum für Ernährungssouveränität, der Nyéléni Austria, informieren.

David Bröderbauer versucht gerade die Eingangstür zum Klappertopf zu reparieren. Da Food Coops nicht unbedingt über ein großes Budget verfügen, muss vieles selbst gemacht werden. Auch beim Klappertopf heißt es also: Do it yourself.

Rezeptverzeichnis

Literaturauswahl

Arvay, G. Clemens. Friss oder stirb. Ecowin, 2013.

Bundesgemeinschaft der Lebensmittelkooperativen (Herausgeber). Das Food-Coop Handbuch. Gemeinsam ökologisch handeln. Bochum, 1997.

Enigl, Monika; Koller, Beate. Kulturpflanzenvielfalt. Eigenverlag Arche Noah, 2003.

Felber, Christian. Gemeinwohlökonomie. Deuticke, 2012.

Mamman, Ivan. Concentration of Market Power in the EU Seed Market. www.greens-efa-service.eu/concentration_of_market_power_in_EU_see_market/, 2014.

Pruimboom, Leo; Rinderer, Martin; Reheis, Daniel. Wirk + Kochbuch. Verlag Hohenems, 2014.

Sense.Lab e.V. Fair, bio, selbstbestimmt: Das Handbuch zur Gründung einer Food-Coop. Books on Demand, 2009.

Shiva, Vandana et.al. Law of the Seed. www.navdanya.org/attachments/lawofseed.pdf, 2013.

This-Benckhard, Hervé. Rätsel und Geheimnisse der Kochkunst. Piper, 2001.

Weiss, Hans. Schwarzbuch Landwirtschaft – Die Machenschaften der Agrarpolitik. Deuticke, 2010.

Wild, Stephanie. Sich die Ernte teilen. Einführung in die solidarische Landwirtschaft. Printsystem Medienverlag, 2012.